絶対に後悔しない

新卒の「会社選び」

大谷義武

幻冬舎MC

絶対に後悔しない

新卒の「会社選び」

はじめに

雇用が安定した大手企業に入り、将来不安なく生きていきたい。誰もが知る企業に入って親を安心させたい。

就職活動に臨む多くの学生にとって、大企業への就職は一つの大きな目標です。実際に株式会社マイナビが行った「２０１７年卒マイナビ大学生就職意識調査」を見ても、大手企業を志望した学生の割合は48・４％と半数近く、前年度から５・５％増加しています。

確かに、知名度が高く、社会的信用力もあり、潰れる可能性も低いと思われている大企業は学生にとって魅力的でしょう。そのため日本の新卒学生の間では、全企業の１％にも満たない大企業に人気が集中しており、極めて狭き門になっています。こうしたなかで熾烈な就職戦線を勝ち残り、大企業の内定をつかむことは、本人にとってはもちろん親や大学にとっても誇らしいステータスに違いありません。

しかし、あらためて考えてみてください。
「安定していそうだ」「有名だ」「スケールの大きい仕事ができそうだ」というイメージがある一部の大企業だけが、自分に合った会社であると言い切れるでしょうか。今後30年、あるいは40年と働くうえで、大企業に入ることこそがベストな選択なのでしょうか。

断言します。それは大きな間違いです。
日本にはおよそ400万もの企業があり、大企業とよばれるのはそのなかのごく一部に過ぎません。しかも就職活動中に得られる企業情報は、良い面ばかりが強調された広告がほとんどです。当たり前のことですが、実際に働いてみなければわからないことは山ほどあります。たとえ大企業に入っても、最後まで幸せに働き続けることができないケースは数多いのです。

私は東京大学経済学部を卒業後、不動産業界の大手である三井不動産に就職しました。当時は私も、とにかく大きな会社に入ることが良いことという程度の考えで一部上場の有名企業に就職したのです。しかし仕事を続けるなかで、入社前のイメージとのギャップ、そして「このままでいいのか」という不安が次第に大きくなっていきました。

特に強く感じたのは「使命感の欠如＝やりがいの欠如」に対する問題意識です。通常、組織が肥大化するほど業務は細分化されていき、一人の社員が担う仕事の幅は狭まっていきます。そのため大企業では一般的に、その企業内でだけ通用する、極めて限定的な技能の習得を求められるのです。信じがたいことかもしれませんが、私は実際に「財務諸表の一つの項目だけをチェックし続ける人」「稟議書類にただ判を押し続ける人」などを目にしてきました。私自身も、大企業ならスケールの大きな仕事に携われると思い込んでいましたが、ほとんどの社員は大プロジェクトのほんの一端に関わるだけでした。

仕事は仕事と割り切ればそれでもいいのかもしれません。たくさんの人が関わってプロジェクトを動かすのも当然です。

しかし私には危機感ばかりが募りました。このまま何十年もやりがいを持って働けるのだろうか。自分の仕事は本当に社会の役に立っているのだろうか。これが自分にとって幸せな将来につながるのだろうか――。そんな、就職するまでは想像もしなかった苦悩に直面したのです。そして自分の将来を真剣に考えた結果、私は30歳で大企業を飛び出し、自ら会社を立ち上げました。

こうした経験を通じて、私は自社の社員も含めて「どうすれば幸せに仕事をしていけるか」ということを考え続けています。大企業の良い面も悪い面も知り、ベンチャーの経営者として社員と日々向き合う立場だからこそ、これから社会に出ようという若者に伝えられることがある。そして将来不幸になるような仕事や会社の選び方を絶対にしてほしくない。そんな強い思いで執筆したのが本書です。

本書では、就職活動に臨む学生の皆さんが会社を選ぶ前に、働く意義や、幸せに働くとはどういうことか、仕事のやりがいとは何か――といった本質をあらためて問い直します。そして、今後の社会を生き抜き、活躍するためにはどのような人材を目指すべきかを述べるとともに、今後の日本で幸せに働き社会に貢献する企業と出会うためのポイントも解説していきます。

これらは、他の就活対策本では得られない「現代の就職リテラシー」です。この本が一人でも多くの学生の手に届き、企業の規模や知名度にとらわれることなく、自分の幸せのために会社を選ぶきっかけになるならば、それに勝る喜びはありません。

目次

〈絶対に後悔しない新卒の「会社選び」〉

はじめに　003

序章

安定？　出世？　収入？　自由？
「幸せに働く」とは　017

会社は「人生の投資先」である　018
日本では古来、仕事は喜ぶべき神事　021
誰かに喜んでもらうことが仕事の本質　024

幸せに働くための「やりがい」と「収入」 026
やりたいこと、なりたい姿はある？ 030

第1章

会社選びの大前提が変わった――どこで働くかよりも、何ができるかが重要な時代へ 035

将来の安定はどこにある？ 036
もはや終身雇用は絶対ではない 039
バブルまでとは会社選びの前提が違う 043

企業の〝看板〟に依存する怖さ　046
「大企業でしかできない仕事」の実態　049
単純で楽な仕事は「毒のぬるま湯」　052
大企業に入るなら、とことん出世を目指せ　056
「人気の会社＝良い会社」ではない　059
世間体を気にしても意味がない　064
今こそ見直すべき出光佐三氏の精神　068
「自分で稼ぐ力」を身につけよ　073
「どこで働くか」より「何ができるか」　077

第2章

生涯幸せに働くために——人生を投資すべき会社の条件 081

「使命感」を持てる仕事が会社にあるか 082
使命感が仕事を喜びにする 085
「好きなこと」を仕事にするには 088
会社は社風で選べ 093
最初に出会う師が一生に影響する 096
自分で稼ぐ力を磨くなら断然BtoC 098
福利厚生は制度導入の背景を探れ 102

「つらい仕事」の定義は人によって違う　107
上場企業は株主のための存在　110
「選んでもらう」意識を捨てよう　115

第3章

どんな社会、どんな会社でも「評価されるビジネスマン」の仕事との向き合い方

119
評価されなければ仕事をする意味がない　120
成果と評価が比例しないこともある　123

誰に評価されればいいのか　126
超ブランド企業でノイローゼが多い理由　128
自己犠牲の精神で「組織の英雄」になる　132
自分の限界ぎりぎりを見極める　134
周囲から求められる力を身につける　136
「ワーク」「ライフ」すべてを充実させる　138

第4章

社会に必要とされるこれからの「日本的経営」とは

143

理念を共有し一つの方向を向くのが組織 144

大義に基づく理念が組織の力になる 146

大義ある経営が長期的な利につながる 150

三方よしの経営 153

会社は社員のためにある 156

徳が利益を生み、利益が社員を守る 158

社員とその家族は「第二の家族」 160

社員の一生を守る新時代の日本的経営 163
性善説に立った経営をする 167
社員の方向性を一致させる 171
孫子も重視した組織の〝勢い〟 173
会社は人がすべて 175

第5章

幸せなビジネスマンであるために、他者を幸せにする人になる

幸せなビジネスマンであるために、他者を幸せにする人になる 179
日本は本当に素晴らしい国である 180

ビジネスマンである前に日本人として　183
「他人様」に感謝し、常に謙虚でいる　186
他人の幸せが人生の成功　189

おわりに　192

装丁／幻冬舎メディアコンサルティング　佐々木博則

序章

安定？ 出世？ 収入？ 自由？
「幸せに働く」とは

会社は「人生の投資先」である

これから社会に出て働く人、あるいはすでに働いている人にとって、「仕事をする」とはどういうことでしょうか。現代社会に生きる以上、仕事をせずに暮らしていくことはできません。なぜ仕事をするのか、と問われれば「お金のため」「生活のため」と答える人も決して少なくないはずです。

しかし、お金を稼ぐことや生活を維持すること〝だけ〟が働く目的になってしまったとしたら、幸せに働き続けることは難しいでしょう。仕事が「生きていくためにやらざるを得ないこと」になってしまい、仕方なく仕事をしている状態になってしまうからです。

仕方なしに仕事をしていると、できるだけ働きたくないし、休みがたくさんほしくなります。また、たとえ仕事内容が自分に合っていなかったり、やりがいを感じられなかったりしても「仕事なんてそういうもの」とあきらめるようになります。もちろん「仕事は仕事」と割り切って、稼いだお金で豊かに暮らせれば幸せだという考え方もあります。ただ、これは「幸せに働く」ことではありません。仮にお金を手に入れる手段が他にあれば、すぐにでも仕事を辞めてしまうでしょう。

つらくても、つまらなくても仕事だから仕方ないというのは、いかにも正論のようですが、嫌々ながら仕事を続けるのは不幸なことです。

会社員の場合、一般的な企業の就業時間からいえば1日の3分の1、あるいはそれ以上は仕事をしていることになります。限られた人生のなかで、膨大な時間を仕事に費やしているのです。その時間のすべてを「仕方なく」過ごすのか、それとも「幸せに」過ごすのかが、人生にどれほど影響するかを想像してください。

膨大な時間を過ごす会社は、限りある人生の「投資先」といえます。

では投資のリターンとして何を求めるのか。お金にせよ、やりがいにせよ、突き詰めればそれは、**仕事を通じて幸せになること**であるはずです。

そして幸せというリターンを得るために、自分の人生（時間）をどこに投資するのか。例えば株であれば、いくつもの銘柄を買って分散投資することができます。しかし、仕事の場合、一箇所にしか投資できません。

これから就職する新卒学生は、その選択の岐路に立たされているのです。

世の中には、仕事そのものにやりがいや充実感を持って幸せに働いている人もたくさんいます。こういうと芸術家やプロスポーツ選手など、特殊な才能を持った人ばかり思い浮かぶかもしれませんが、実は会社員であっても同じです。

「誰もが好きな仕事で食べていけるわけがない」と最初から思い込んでしまうのは間違いです。

かつての日本には、士農工商という身分制度のもと、出自で仕事が決まってしまう時代もありました。しかし現代には職業選択の自由があります。仕事は人生の一部。「幸せに働く」とはどういうことかを考えて、人生の投資先を決めるべきなのです。

日本では古来、仕事は喜ぶべき神事

「幸せに働く」とはどういうことかを考えてみても、漠然としていて、つかみどころがありません。そこで、そもそも日本人にとって「仕事」がどういう意味を持つのかを、あらためて考えてみましょう。

まず日本人の仕事観は、第二次世界大戦の以前と以後で大きく異なります。戦後、日本には西洋的なものの考え方が急速に流入してきました。資本主義の大波が押し寄せ、合理主義が幅を利かせるようになったのです。

では西洋的な世界観における仕事とはどのようなものでしょうか。仕事の目的は

「できる限り効率よく、多くの報酬を得ること」に集約されます。人が一人でできる仕事には限界があるため、たくさんの人を働かせて、その上前をはねるのがより「合理的」です。こうした発想が、西洋世界において奴隷制度が根付いた根底にあるのではないかと考えられます。

また、キリスト教をはじめとした西洋世界の宗教には、労働を、罪に対する「罰」ととらえる向きがあります。例えば『旧約聖書』では、ずっと遊び暮らしてきたアダムとエバが、禁断の木の実を食べたことでエデンの園を追い出されます。その罰として二人に与えられたのが、労働でした。

一方、古来の日本における仕事は、罰ではないのはもちろん、報酬を得るために行うものでもありませんでした。

『古事記』や『日本書紀』などに記された神話では、神々の長である天照大神（アマテラスオオミカミ）さえも、稲作という仕事に携わっています。そして、作った稲穂を地上に下ろしたことで、日本で稲作が始まったと書かれています。この価値観においては、カミが自ら手塩にかけて育てた稲を分け与えてくれたのですから、日本人にとって稲作は、神々に感謝する神事にあたります。また、神事は感謝であると同時に喜びです。

稲作は古来日本で最も大切な仕事とされてきました。すなわち、仕事はカミへの感謝であるという価値観が日本人の根底には流れているということです。

日本人にとって、本来、仕事はカミへの感謝であり、自らの喜びなのです。生活のために仕方なくやること、嫌々ながら続けることではありません。

そうした世界観もあってか、日本では過去に一度も、明確な奴隷制度が定められたことはありません。これは誇るべきことでしょう。

しかし残念ながら、仕事は喜びであるという価値観は、西洋的な合理主義が幅を利かせる現代においては、ほとんど忘れ去られています。

※注）日本は一神教ではありませんので、西洋の一神教における「神＝ゴッド」と区別するため、カミと表記しています。

誰かに喜んでもらうことが仕事の本質

「仕事は神々に捧げる神事であり、喜びである」という価値観の素晴らしいところは、それが転じて自らの人生の幸せにつながるところにあります。

世の中のあらゆる仕事が何のために存在しているのかといえば、「誰かの役に立つため」に他なりません。他者（古来の価値観ではカミ）が必要とするからこそ、仕事として成立しているのです。

そのような本質を踏まえれば、**仕事とは自分の時間を使って自分以外の誰かに喜んでもらう行為**といえます。そしてその結果、誰かに感謝され、社会に貢献できるということが、日本人にとっての何よりの喜びとなるのではないでしょうか。

私は今でこそベンチャー企業の経営者を務めていますが、かつては新卒で入社した大企業で働いていました。そのときに最も苦痛を感じたのは、自分が必要とされず、誰かの役に立っている実感が得られないことでした。

仮に私にどれほど優れた能力があったとしても、大企業では数千人の社員のうちの一人に過ぎません。会社からすれば、代わりはいくらでも用意できますし、実際に私は「いつ自分がいなくなっても、会社が困ることはない」と感じていました。

さらにつらく感じたのは、自分の仕事が誰かの役に立っているのか、わからなかったことです。事実、その会社に勤めていた6年間、誰かから感謝されたという経験はありません。

そうした現実と冷静に向き合っていたからこそ、私は大企業に人生を投資する意義がどうしても見出せませんでした。

仕事を通じて誰かに必要とされたり、社会の役に立っていると感じられたりすることが、幸せに働くための第一歩です。

幸せに働くための「やりがい」と「収入」

仕事の意義を考えることは大切です。しかし「誰かの役に立ちたい」からといっても、無償で奉仕するばかりでは、資本主義の現代社会においては生きていくことができません。仕事の報酬がお金に換算されるのが資本主義の本質であり、その多寡によって生活の質が左右されるのが現実です。

仕事とは人生を投資することであり、投資のリターンは幸せを得ることだと述べてきました。現代では、誰かに感謝される「やりがい」と、自分の望む生活を送るための「収入」、両方のバランスがうまく取れないと、幸せを実感するのが難しくなっています。

どんなにやりがいのある仕事であっても、あまりに収入が少なければ続けられません。人の役に立っていることを実感しやすい介護職の離職率が高いのは、平均年収の低さも無関係ではないでしょう。

その一方で、他人がうらやむような高収入の仕事に就いても、辞める人はいます。私の知り合いの外資系トレーダーは、年収が３０００万円はくだらなかったと思いますが、若くして会社を辞めました。その理由は、毎日パソコンの画面だけを見て数字に浸って過ごし、誰からも感謝されず、社会の役に立っている実感のない仕事に価値を見出せなくなったからだそうです。つまりこれは、やりがいが大いに不足した結果といえます。

幸せに働くことを考えるうえで最も難しいのは、「やりがい」と「収入」の最適なバランスを取ることです。

「やりがい」は、「自分の好きなこと、得意なことを仕事にして、人の役に立ったり感謝されたりする」ことで得られます。どのように人の役に立つか、社会の役に立つかという点で、使命感ともいえます。

問題は、「収入」のほうです。満足できる給料の額は、人によってまったく違います。

近年の新卒学生は、仕事に安定収入を強く求める傾向があり、大企業が人気です。すると、「やりがい」よりも「収入」にばかり目が行き、会社名や肩書き、年収がステータスであると考えてしまいがちです。

確かに、大企業で出世コースに乗り高給取りになることは、会社員として理想のモデルの一つです。かつて高度経済成長期からバブル崩壊までの間、日本の企業が右肩上がりで成長していたころは特にその傾向が強くありました。高い給料とひきかえに、仕事のやりがいや充実感を犠牲にしている人も多くいました。しかし、これでは幸せに働くことはできないでしょう。しかも現在は大企業でがまんして働いても、高給取りになれるとは限りません。

実は私が大企業に就職した際にも、やはり給料にばかり目を奪われていました。なぜなら、私の家が裕福ではなかったからです。大学の学費を払うのも大変で、とにかく早く自立したいと考えていました。そして、少しでも多くお金をもらって、親に楽をさせてあげたいとずっと思っていました。そのため就職にあたっては、給料の高い企業ばかりを受け、仕事内容も、やりがいも考えず、収入と母の勧めだけで就職先を選びました。他に理由があるとすれば、「いい会社に入った立派な人」に見られたいという世間体です。

結果的にそれは、自分の人生の幸せという観点で見れば、大きな誤りでした。いくら給料が高くても、働く意義が見出せなかったからです。

就職後に後悔しないためには、世間体を気にして他人がうらやむような会社に入るのではなく、「自分の人生」を基準に、やりがいと使命感を持てるかどうかを考えなければなりません。**やりがいがあり、使命感を持てる仕事を見つけることができれば、仕事を本気で頑張れるので、収入はあとからついてきます。**

やりたいこと、なりたい姿はある？

ベンチャー企業の経営者である私は、会社説明会や採用面接も自分で行っています。そのなかで多くの学生に会ってきましたし、ときには一緒に飲みに行き、忌憚なく話をする機会もありました。

学生からよく質問されるのは「やりたいこと、なりたい姿がないけれど、どうしたらいいのか」ということです。特に、大企業を指向する学生からよく聞かれます。やりたいことがない以上、どの会社に入っても仕事の満足感は大差ありません。どうせなら社会的知名度や給料が高い会社のほうがいい、と考えるのは自然です。

しかし私はそうした学生に対し「本当に深く、考えたことがあるか」と問いかけることにしています。

自分が大学生だったころを思い出してみると、仕事について深く考える時間が少なかったように思います。

受験を乗り越えて大学に入り、2年生くらいまではのびのび過ごします。大学の勉強はコツコツこなしつつ、部活に熱心に取り組む人もいるでしょう。このような大学生活に浸りきったところで、就職活動のタイミングがやってきます。

のんびり大学生活を送っていたところに、「社会」という名の現実が迫り、焦るのです。

現代の就職活動は短期決戦です。自分の内面とじっくりと向き合い、何カ月もかけて考える時間はありません。

「良い会社に入らなければいけない」というプレッシャーは強く、就職活動に失敗して身分を失う恐怖もあるでしょう。

そんな状況ですから、やりたいことや、なりたい姿を明確に持たないまま就職活動に忙殺されている学生が多くても不思議ではありません。

それを理解したうえで、あえて私が言いたいのは、企業研究の時間を削ってでも、やりたいことをじっくりと考えてほしいということです。**何十年も働くうえで「やりがい」とはそれほどに重要なもの**だという実感があるからです。

具体的には、自分の人生をもう一度振り返り、棚卸しをして、小さなころに憧れていたことや、意識を変えてくれたもの、ターニングポイントとなったことなどを、できる限り思い出して、それらをすべて紙に書き出してください。

そうした作業を通じ、自分の興味・関心の本質がどこにあるかを見つめ直すことが、やりたいことを見つけるための第一歩となるはずです。

こうしたことを、就職活動が本格化する前に納得できるまで考えることができればいいのですが、できない場合は「やりたいことのない自分」のまま就職することになります。

そうなると、目の前の仕事を全力でこなしつつ、それが世の中や会社においてどんな役に立っているかを後から考えるしかありません。そこでミスマッチが生まれれば、仕事に興味が持てず幸福感は得がたくなります。

やりたいことが難しければ、「どのように社会の役に立ちたいか」という、自分が共感できる使命（理念）を掲げている会社を選ぶといいでしょう。

例えば不動産業を営む私の会社の場合は「安心・安全な資産運用により、人生の安心・安定を提供すること。そのために、賃貸住宅の入居者様に快適な暮らしを提供すること」を理念としています。この理念に共感した人が集まっている会社だからこそ、賃貸物件のオーナー様にも、入居者様にもご満足いただける「三方よし」の経営が実現できるのです。

総じていえるのは、やりたいことは何か、なりたい姿はどんなものか、どのような形で社会に貢献していきたいかを常に問い続けていってほしいということです。

第1章

会社選びの大前提が変わった――どこで働くかよりも、何ができるかが重要な時代へ

将来の安定はどこにある？

今も昔も新卒学生の就職活動において大企業は人気です。大手就職情報メディア、マイナビの調査でも全体の半数が大手企業への就職を希望しています。

大企業のイメージとしてまず浮かぶのは「安定」です。

大企業なのだから、まずつぶれることはないだろう。一生そこに勤めていけるだろう。そうした考えから、大企業を志望する学生は多くいます。

実際に、マイナビの調査を見ても、会社選びの基準に「安定」と回答する学生が近年増加傾向にあり、文系男子に限れば「やりたい仕事」を「安定」が上回っています。

小さな企業やベンチャー企業に比べて大企業がつぶれにくいのは事実です。ただし、絶対とは言い切れません。しかも近年は昔よりも安定感が揺らいできています。実際にバブル崩壊以降、日本を代表する大企業でさえ倒産する可能性があるという現実を、誰もが目にしてきました。

私が就職活動をしていた平成10年は、山一證券や北海道拓殖銀行など、名門といわれる企業が倒産した直後の年でした。しかし世間ではバブル経済の余韻から楽観論が抜けきらず、まだまだ「大企業はつぶれない」という見方をする人が圧倒的多数でした。

ところが、その後も千代田生命やそごうなど、大企業の倒産が相次ぎました。個人的に最も印象深いのは、ＪＡＬ（日本航空）の破たんです。

実は私は、就職活動中にＪＡＬから内々定をもらい、人事の責任者の方には「ＪＡＬがつぶれるなんてことはまずない」と言われていました。それは本心だったに違いありません。日本の空を担い、公共性の極めて高い交通機関の最高峰がつぶれるなど、ＪＡＬの社員でなくても想像しなかったはずです。

しかし実際には、平成22年にＪＡＬは経営破たんしました。

倒産まではいかなくとも、業績不振からリストラを敢行したり、海外資本に身売りしたりする大企業は、今や決して珍しくありません。

そんな時代になった理由は、「不景気になったから」という単純なものではありません。

バブル崩壊を転換点として、日本の企業をとりまく環境そのものが変わっているという背景は、就職活動にあたってもよく考える必要があります。

もはや終身雇用は絶対ではない

バブル崩壊以前まで、日本の大企業は、終身雇用・年功序列を前提として社員を雇用してきました。

大学卒の場合、入社してから60歳で定年を迎えるまで一つの会社に勤めあげるのが一般的でした。社員にとっては定年まで勤めていられる安心感があり、企業側としては長い時間をかけて技術やノウハウを習得させせられるメリットがありました。

振り返れば戦後から、日本はアメリカの資本主義にさらされてきましたが、その合理主義に染まり切ることはなく、終身雇用制度に代表される日本ならではの「家族的経営」を行ってきたからこそ、世界に名だたる経済大国にまで発展できたといえます。

今でもこのような「就社」が当たり前と考える人は少なくないでしょう。特にバブル崩壊以前に就職した世代には根強く残っている考え方です。

しかし基本的に終身雇用や年功制が成り立つのは、企業が成長する前提がある場合に限られることを忘れてはなりません。現代の日本には、その前提があるといえるでしょうか。高度経済成長期のように、人口が増え、消費が拡大し、所得が増え、日本全体が成長する時代はついに終焉を迎え、近年の日本は成長経済から成熟経済へと移行しています。そうした「時代転換の合図」だったのが、バブル崩壊です。

無限に広がっていくように思えた国内市場にはっきりと限界が見え、企業同士で限られたパイを取り合うことを余儀なくされるようになりました。そして、生存競争に負けた企業は次々と表舞台から去っていきました。

「失われた20年」といわれるような冬の時代を生き抜くために、企業はより合理的に、最小限の労力で最大限の利益を生み出す必要に迫られました。この激しい生存競争のなかで台頭してきたのが、日本の企業にも「社歴にかかわらず、最も成果を上げた人間を評価する」成果主義です。

そのような背景で行われるようになった経営改革の象徴的なものが、リストラです。

終身雇用をベースとした日本的経営にノーを突き付けた代表的な経営者に、日産自動車のカルロス・ゴーン会長がいます。平成11年、倒産寸前に追い込まれた日産は、フランスの自動車メーカーであるルノーの傘下に入り、ゴーン氏を最高経営責任者に迎えました。彼が「日産リバイバルプラン」と名付けて行ったのは、かつての日本では想像できなかった大規模なリストラです。これを境に、リストラという言葉が日本で市民権を得たといえるほど、インパクトのある出来事でした。

その後、他の大企業においてもリストラは禁じ手ではなくなり、今では一度に数千人規模の社員が職を失う事態も珍しくありません。

近年でいえば、メガバンクの人員削減が目立ちます。みずほフィナンシャルグループは、平成29年9月期の決算発表において、グループで1万9０００人の人件費削減策を打ち出しました。その他、三菱ＵＦＪフィナンシャル・グループが９５００人、三井住友フィナンシャルグループが４０００人と、３大メガバンクが軒並みリストラに踏み切っているのです。大手銀行がこれほどの人員をカットするなどということは、かつてはとても考えられませんでした。

このようにして、**日本の終身雇用制度は事実上、崩壊しました。**いまだに踏ん張って古き良き経営を続けている企業もありますが、その数は多くはありません。

終身雇用制度というこれまでの根幹が崩れたことで、年功序列で給料が上がり続けるという仕組みもまた維持できなくなっています。最も保守的な企業の一つといえるメガバンクですら、早ければ40歳半ばで転籍を要求され、年収が半分になってしまう時代です。

一度大きな会社に入れば一生安泰——と単純に考えられる時代ではなくなっているのです。

バブルまでとは会社選びの前提が違う

終身雇用制度は失われ、年功制で給料が上がる保証もなく、さらにはリストラの可能性まである……。メガバンクですらそうなのですから、以前は確かに存在した大企業のメリットはほとんど残っていないと言っていいでしょう。この事実をどう考えるかで、新卒学生の会社選びの基準は大きく変わります。

かつてのサラリーマンは、やりがいや自由と引き換えに、終身雇用・年功制を求めてきました。残業続きでストレスの溜まる仕事であっても、将来の安心・安定という確実なリターンのために、大企業を人生の投資先として選んでいたといえます。

しかし今や、大企業に人生を捧げても、一生の安定が得られるとは限りません。「自分から辞めなければ一生勤められる」という前提から、「一度就職した会社を出ることになる可能性も大いにある」という前提へ、**バブル崩壊以前の時代と現在とでは、会社選びの大前提が大きく変わった**のです。

生涯幸せに働き続けるならば、このことを就職する学生の側がよく考えておく必要があります。企業側はこの前提の変化を考慮してはくれません。例えば、多くの大企業では終身雇用・年功制が絶対ではなくなったにもかかわらず、定年まで働き続けることを前提とした仕組みが維持されています。実態として終身雇用は確約されないのに、仕事のやり方や教育制度は旧来のまま。そのギャップが社員に不幸な状況をもたらしていることを、新卒学生は知っておかなければなりません。

代表的な例の一つが、大手メーカーのエンジニアリングの現場などでよく採用されている「企業内職能制度」です。大手自動車メーカーの生産現場では、自社技術の中核に関わるパーツなどを製造するにあたり、自社開発したオリジナルの機械を導入しています。そして、その機械を操作する社員に対しては、専門性の高い独自の教育が必要になります。こうした技能の高さを評価するための制度が企業内職能制度です。

では仮に、トヨタ自動車の製造現場に20年勤め、そこにあるあらゆる機械に精通した「A級技術者」となったとします。その技術者が、例えば日産自動車の生産現場でも同じように活躍できるかといえば、そうはなりません。トヨタの企業内職能制度と、日産の企業内職能制度の評価軸や求める能力がまったくの別物だからです。企業内職能制度のもとでは、一つの会社の中でだけ通用する技術や知識を身につけることになり、他の会社では使えないということが多々あります。

企業内職能制度が生み出され、機能していたのは、定年まで一社に勤める終身雇用制度が前提だったからに他なりません。社員はその会社以外で働くことがないわけですから、ひたすらにその企業内の技術やノウハウを極めていけばよかったのです。

しかし万が一、その企業がつぶれたり、リストラにあったりしたら、他の会社では何もできない、使えない人材となってしまう可能性があります。たとえやりがいを犠牲にして会社に尽くしたとしても、幸せというリターンどころか、収入すら満足に得られない状態で荒波のなかに放り出されてしまうかもしれないのです。

企業の〝看板〟に依存する怖さ

大企業という「大船」に乗っても、現代社会の荒波のなかでは船が沈没（企業の倒産）したり、社員が船から振り落とされたり（リストラ）することがあります。日本の企業全体が成長基調にあった順風満帆の時代から、厳しい生存競争の時代へと、会社選びの大前提が変わったことは前述した通りです。

この前提の変化を考えないまま就職してしまうと、「その会社の社員として」しか生きていけなくなってしまう恐ろしさがあります。特に大企業では、その会社の〝看板〟があるからこそ仕事ができるというケースが多々あります。

大企業は、社員が一人いなくなったところで立ち行かなくなることはありません。

仕事は、社員の能力ではなく企業の〝看板〟でできていることがほとんどです。そのため、担当者が代わろうが企業間の取引は続きます。

私自身、三井不動産に勤めていた時代には、大企業の〝看板〟を使って仕事をしていました。

24、25歳の単なる新人であっても、「三井不動産の大谷です」と名乗れば、たいていの人とアポイントを取ることができました。普通ならなかなか会えないような経営トップの方々ともお会いできました。私は一時期、ショッピングセンターのテナントリーシングの仕事をしていたのですが、こちらからお願いせずとも「テナントに入れてください」と頭を下げてくる会社も多くありました。

その後、独立してみて、私は大企業の〝看板〟の威力を思い知らされました。これまで快く会ってくれた人が、手のひらを反すように離れていったのです。

いつ会社がつぶれたり、リストラされたりするかわからない時代を前提に考えると、大企業の〝看板〟に依存した仕事を続けることは危険です。大企業に一生勤めていられるならば問題ないのですが、万が一リストラにあったりしたら、どうなるでしょうか。

私の知り合いに、ある大企業で不動産ファンドの仕事をしていた人がいます。業界では「やり手」と評判であり、BtoBで何百億という資金を集め、動かしていました。

彼はしばらくして会社を辞め、個人でファンドを始めました。本人は自信があったのかもしれませんが、残念ながら大企業の〝看板〟が外れた瞬間から、まったく資金が集まらなくなってしまいました。結局は彼も、自分の力ではなく大企業の〝看板〟で仕事をしていたに過ぎなかったのです。

このような状態で会社の外に出ても、余所で活躍するためのバックボーンが何もありません。武器を持たない中途社員を迎え入れる余裕は、小規模企業やベンチャー企業にはありません。もしどこかに入社できても、与えられる仕事は単純労働、給料は生きていくのに精いっぱいというところでしょう。

つまり、**大企業の〝看板〟に依存し過ぎるのは、広く社会で生き抜いていく能力のトレーニングを放棄するのと等しい行為**といえるのです。

「大企業でしかできない仕事」の実態

ここまで読んできて、「そうはいっても、大企業でしか経験できない大きな仕事だってたくさんあるだろう」と思っている人がいるかもしれません。

大企業の企業説明会などに出向けば、「下積みの時期があるけれど、いずれは大きな仕事に携われるチャンスがある」という感覚になる人は多いのではないでしょうか。「地図に残る仕事」「世界展開」などという魅力的なワードがバンバン飛び出します。

大企業ならではの仕事は確かにあります。

ショッピングセンターを周辺の町やインフラごと開発したり、世界を相手に何百億円という単位で貿易を行ったり、新しい新幹線を走らせたり……大資本ゆえのスケールの大きな仕事は、小さな会社ではなかなか経験できるものではありません。

しかし指摘しておきたいのは、「大企業にしかできない仕事」というのは、あくまで会社全体の経済活動の結果であり、個人の能力で取り仕切れるようなことではない、ということです。

私は三井不動産に勤めていたときに、ショッピングセンターの開発プロジェクトに携わったことがあります。日本の不動産業界のなかでも、大規模ショッピングセンターを丸ごと開発できるのは、現在のところ三井不動産とその他数社くらいでしょう。まぎれもなく「大企業でしかできない仕事」であると思います。

では、実際に私がやった業務はどのようなものか。

わかりやすくいえば、ショッピングセンターを開発する際の、テナント誘致業務のうちの、ほんの一部の業務に過ぎません。

こうした経験は、再び同規模のショッピングセンターの開発に携われば活かせる部分が多いでしょうが、逆にそうした機会以外では、まず使えるものではありません。

すなわち大企業でできる仕事というのは、**細分化されているうえ大資本ならではのスケール感がないと行えないからこそ、他の分野で転用しがたい**のです。

そのため、大企業でバリバリ活躍した人材であっても、ベンチャー企業に来るとプライドばかり高い、いわゆる「使えない」人材になるケースが相次ぐわけです。

単純で楽な仕事は「毒のぬるま湯」

大企業で割り振られる仕事で、新人のうちから誰もが「やりがい」を感じられるものはまずありません。大企業の仕事はほとんどが「仕組み化」されています。例えば外食チェーンでは、どんな人が調理しても同じ味、同じクオリティになるように細かなマニュアルが存在します。基本的にはどの大企業の新人の仕事もそれと同じです。

私がいた三井不動産でも、業務は非常に細分化されていました。同じ不動産の業務でありながら、建物の建設を担当する人、土地の購入を担当する人、テナントを入れるリーシングを担当する人、メンテナンスなど運営を担当する人といったように、役割が細かく分かれていました。しかも、担当者が業務すべてをこなすわけではありません。例えば運営といっても、自分たちで物件を直接運営するのではなく、運営計画を作るだけで、現場の作業は子会社や外注先が受け持つことになっていました。

このように、**仕事全体の規模は大きくとも、社員一人ひとりが行う業務は非常に幅が狭いのが、大企業の仕事の特徴**です。

おおよそのイメージは就活生もある程度は持っていると思いますが、実際にどれほど細分化されているのか、どんな仕事をしているのかは、働いてみなければわかりません。少しでも具体的に知ってもらうために、いくつか本当にあった例をここで紹介しましょう。

一つは、誰もが知る有名企業の総務部の話です。そこには文書課というチームがあります。所属している社員の業務内容は、「ハンコを押すこと」。文書課には、いろいろな部署がチェックして「ハンコを押せば完成」という状態の書類が回ってきます。大企業ですから、その数は膨大です。文書課の社員は、その書類にひたすらハンコを押し、毎日が過ぎていきます。

私の知り合いで、東京大学法学部を出た優秀な人材が、そこで1年間ずっとハンコを押し続けていたことがあります。本人いわく「最高につまらないけれど、仕事とはそういうものだと思っている」とのことでした。価値観や考え方は人それぞれなので、本人が納得しているのであれば他人が口をはさむことでもありません。しかし個人的には「仕事なんてそんなもの」と割り切っている状態は、幸せに働いているとはいえないと思います。

もう一つは、大手不動産会社に勤める30歳・東大卒の中堅社員の話です。オフィスビルを所有・管理している彼の会社には、仲介会社から内見希望の電話が入ります。電話を受けると、彼は内見の時間の15分前にオフィスの鍵を開けに行って、スリッパを用意し、内見が終わると鍵を閉めて帰る。そんな業務を担当させられたりします。誤解してほしくないのですが、もちろんそれも大事な仕事の一つですし、業界や会社によって実態はさまざまでしょう。ただ、**就活生がイメージする大企業の仕事と、実際にあり得る仕事には大きなギャップがある**ように思います。

私が知っている範囲でも、こうした話は枚挙にいとまがありません。もしこのような仕事を任されたとしたら、果たしてやりがいを感じられるでしょうか。

このような実例に接して「楽な仕事で高い給料をもらえるならそれでいい」と思う学生もいるかもしれません。

しかしその〝楽〟にこそ、人生をむしばむ害毒が含まれ、少しずつその人の一生を破壊していっているのです。

何度も言いますが、終身雇用が絶対ではなくなった現在、大企業でもいつ倒産やリストラが起きるかわかりません。そんな事態になったら真っ先に人員カットの対象になるのが、こうした単純作業を行っている社員です。ハンコを押していただけ、内見の鍵の開け閉めをしていただけの人が、他の会社でどんな力を発揮できるでしょうか。

つまり大企業の「単純作業」「楽な仕事」は、そこに浸かっている時間が長いほど、その人が今後、生きるためにつけるべき力を失わせる、恐るべき「毒のぬるま湯」にもなり得るのです。この恐ろしさに気がつかずにいるのは、徐々に弱って気づいたときには決定的な危機を迎えているという「ゆでガエル状態」といってもいいでしょう。

大企業に入るなら、とことん出世を目指せ

大企業の出世頭になれば、若くして何百人もの部下を従え、大きな権限を持って組織を動かせる印象を持っている人もいるのではないでしょうか。しかし私が知る限り、残念ながら実態はそうなっていません。

まず日系の大企業で、20代、30代のマネージャーが１００人を超える部下を抱えているという話は、少なくとも私は聞いたことがありません。

とある大手企業では、40代前半で小さな課の課長を任され、数人の部下がつきます。その後、出世して50歳を超えたころに部長クラスになったとしても、部下は20人前後。次期社長候補で最年少の執行役員という最高のエリートであっても、部下は30人程度

だといいます。これは日本の大企業の特徴であり、外資系大企業では若くして100人以上の部下を持つケースもよくあるようです。

権限に関しては、もちろん地位が上がるほど大きくなっていきますが、結局は大企業における「仕組み」のなかにあり、基本的には誰がやっても似たような結果が出るようになっています。例えば、大手鉄道会社の支社長が交代したからといって、支社の売り上げが急に半分になるようなことはありません。すでに鉄道網が整備され、売り上げが上がる仕組みを持っている大企業では、簡単には経営状態は揺るがないのです。ですから大企業では、残念ながら管理職になっても、多くの場合好きなようにチームを動かせるほどの力を持つには至りません。

そうした「仕組み化された組織」のなかで、どんな人が早く出世していくのかといえば、社内政治が得意なタイプです。「誰がやっても同じような成果が上がる」業務においては、仕事の能力だけで高い評価を得ることは困難です。特に営業色の薄い会社では、この傾向に拍車がかかります。例えば大手電力会社などでは、社員個人として売り上げを作ることがそもそも難しいため、営業成績で比べることができません。

そうすると評価基準として残るのは、たいてい社内政治力なのです。

出世に関する社内政治力を平たくいえば、「上司とどれだけ深い関係を作れるか」という処世術につきます。また、どの上司につけば重要なポストにつけるかといった嗅覚も試されます。力のある上司の元でしか、自分も出世できないからです。重要なのは、日々の情報収集とコミュニケーションです。飲み会やゴルフといった「課外活動」にしっかり付き合える人ほど、出世のための情報や人脈をつかんでいきます。そうしたことを馬鹿らしく感じる人は、大企業で出世を目指すのには向いておらず、私もそのタイプであるから会社を辞めました。

一つ付け加えておくと、役員や社長にまで上り詰める人のなかには立派な人がいるのも事実です。社内政治の手腕に加え、経営の才覚、実務能力、そして人生を賭ける覚悟のすべてがそろっているからこそ、頂上まで上っていくことができるのです。

大企業に入社するなら、社長や役員に上り詰めるくらいの目標と意志を持つべきです。もし先に挙げたような面での適性があれば出世を遂げ、階段を上がり続けることがやりがいになり、十分な収入も得て「幸福感」につながっていくはずです。

「人気の会社＝良い会社」ではない

一つの会社に勤め続けるのが当たり前という時代から、いつ会社の外へ出ることになるかわからない時代へと、会社選びの前提が大きく変わりました。

そんな現代においては、大企業に入れば安心という〝大企業信仰〟にとらわれず、その会社の良いところと悪いところをしっかりと把握して、幸せというリターンを得られるかという視点で判断しなければなりません。

しかし新卒学生の就職活動においては、今もなお企業のブランド力が非常に大きな影響を及ぼしています。いくつかの会社が例年発表している「就職人気企業ランキング」を見てください。上位にはメガバンクや大手保険会社、大手旅行会社、鉄道系や航空系など、誰もが知っている有名企業がずらりと並んでいます。

このような人気ランキングを知ることが、いったい何の参考になるのでしょうか。日本には400万を超える数の企業があり、こうしたアンケートでは知名度の高い一部の企業に票が集中するのは当たり前です。

このランキングにニーズがあるのは、**「みんなが良いという会社が良い会社」**という学生の思い込みの表れでしょう。具体的な良し悪しの判断基準を自分で持たない人ほど、他人の評価に影響されてしまいます。このランキングというのは、盲目的な〝大企業信仰〟の経典といっても過言ではありません。

この考えは、私自身の苦い経験に基づいています。実は私も、この「就職人気企業ランキング」を経典として企業を選んだ人間の一人だからです。

平成11年、私は三井不動産に総合職として入社しました。正直にいえば、この会社に特別な思いがあったわけではありません。

家が貧しかったため、とにかく少しでも給料が高い企業に入って母に楽をさせてあげたい気持ちはありました。それ以外には、周りの人が「すごい」と尊敬してくれるような企業に勤めたいという見栄もありました。

これはつまり、周りからどう見られるかという世間体を気にしていたに過ぎません。当時の私のようなタイプには、「就職人気企業ランキング」がうってつけです。とにかくランキング上位に挙がっている企業ばかり受けたので、業界もバラバラで一貫性がありませんでした。

内定をもらったのは、三井不動産、日本興業銀行（当時）、野村證券、東京海上火災保険（当時）、ＪＡＬです。唯一落ちたのは、日本銀行でした。

周りの友人も、有名企業ばかり受けていました。そして、内定先がランキング上位であるほど自慢された記憶があります。つまり、大学と同じように企業にもまた偏差値をつけて競い合っていたわけです。これは「有名であるほど良い会社である」という価値観のもと、知名度順に偏差値を割り振っていたに過ぎません。こうした傾向は、今の学生にもあるのではないでしょうか。

これこそが、私の時代から現代へと連綿と続いてきた「有名な会社＝良い会社」という呪縛です。

この呪縛は、学生というよりもむしろ「社会」のほうにかかっています。「世間の目」が、有名であるというだけで大企業を肯定し、そこで働く社員を尊敬し、うらやむのですから、学生が大企業に入りたいと思うのは無理もありません。

特に**「有名大学に行ったのだから、有名企業に入るのは当たり前」という風潮は根強く、**実際に一流大学出身者のほとんどは、有名企業を半ば自動的に選択するような構造になっています。

しかし、みんなに人気の会社が自分にとって良い会社である保証など、どこにもありません。

世間的に超人気企業である大手広告代理店が誰にとっても良い会社であるなら、そこに勤めている社員が辞めてしまったり、命を捨てるほど苦悩したりすることがあるでしょうか。働くうえで良い会社か悪い会社かという判断基準は、勤めている社員自身にしかありません。

つまり**「自分に合っている」と思える会社が、その人にとって紛れもなく良い会社**

なのです。

例え話ですが、国民的な超人気女優が、どんな男性にとっても良い奥さんなのかというと、「そうとは限らない」と誰もが考えるはずです。人気女優が奥さんだったら、きっと多くの人がうらやむでしょう。しかし一般的な人気と、自分にとっての良し悪しはまったく別物。自分に合う女性こそが、良い奥さんだと考えるほうが自然です。

現代の就活では、人気ランキングに影響された結果、**多くの人材が「自分に合わない大企業」で能力をくすぶらせたまま、幸福感なく働いています**。彼ら、彼女らの高い能力を埋もれさせてしまうのは、日本社会にとっても大きな損失です。

世間体を気にしても意味がない

会社選びの大前提が変わったにもかかわらず、相変わらず「大企業に入れば安泰」「人気企業が良い企業」という〝大企業信仰〟がはびこっていることには、親世代の前時代的な価値観が大きく影響しています。

子どもは、たとえ本人が望まなくとも、親の影響を受けるものです。特に、親から愛情を注がれて不自由なく暮らしてきた学生は、社会に出るまで20年前後にわたり、親の思想を注がれ続けています。

現代の大学生の親世代のなかには、バブル以前を経験してきた人が多くいます。終身雇用制度があり、年功序列で役職が上がり、収入も増え、人並みに家庭を築く。それが彼らの世代の「当たり前」でした。そうした経験しかなければ、大企業こそ人生の安定の象徴という価値観になるのは当然のことです。実際にバブル崩壊までは、大企業に入ることに大きな意味がありました。

しかし時代が変わり、会社選びの前提は変わっています。本来であれば、それを理解したうえで子どもたちを教育していかねばならないのですが、自分たちが経験的に知っていることだけを正解と位置付けている親が多くいます。そして、現代における大企業の良い面、悪い面を考慮せずに、「大企業に入れる人は立派」「大企業に入れれば安心」と勧め続けるのです。

親や教師からそう聞かされ、メディアでも大企業の名前を目にして育った子どもが、やはり大企業に入りたいと考えるようになるのは無理もありません。大企業の経営危機をニュースで見聞きしても、大企業でさえ安泰とは限らないとは、にわかには信じられないのです。

私も子どもを持つ身として、親の心理はよくわかります。

親というのは、自分が知らないことを子どもにやらせることを怖がります。例えば、私は海外に行った経験が多くはないので、もし子どもから「留学したい」と言われれば、とりあえず反対するでしょう。留学が良いものなのか、悪いものなのか、判断する基準や経験がないにもかかわらず、自分が知らないという怖さから、盲目的に反対するのです。

わが子に大企業への就職を勧める親も同じで、自分にとって得体の知れない小さな会社やベンチャー企業に子どもを託すことが怖いのです。

子どもとすれば、就職して親を安心させたい、喜ばせたい、あるいは一人前と認められたい気持ちがあるでしょう。自分が有名な大企業に入れば、たいていの親は喜び、よく頑張ったと認めてくれるはずです。もしかすると親戚や近所の親仲間から、「お子さんは良い会社に入れてよかったね」などと言われて、鼻高々かもしれません。この世間体の良さが、大企業は抜群です。この、周りからどう見られるかという世間体はつい気になってしまうものですが、自分自身が将来幸せに働き続けることを考えるうえで、それほど意味があるでしょうか。

反対に、企業に頼らず自ら商売を営んできた自営業者の場合、むしろ大企業を信用せず、「一人で生きる力をつけさせたい」と、子どもをより厳しい環境に置こうとする人が多く見受けられます。私もその例に漏れず、自分の子どもには大企業を勧めるつもりはまったくありません。

前述してきたように、私も大卒時は収入や人気ランキング、世間体をとても気にしていました。そして私の親は、大企業を辞めて起業するときには心配し、反対しました。しかし実際に私が独立し、自分の力で生きていけるようになった今は大いに喜んでおり、独立してよかったと言ってくれています。親は結構、勝手なもので、最終的に子どもが幸せに暮らしていれば満足するのです。

就職先の決定というのは、結局は自分の人生、自分の幸せの追求に他ならず、最後は自分が責任を持つということを忘れてはいけません。

今こそ見直すべき出光佐三氏の精神

ここまで、盲目的な〝大企業信仰〟に対して警鐘を鳴らし、現実として存在するリスクやデメリットについて語ってきました。そこで疑問に思うのは、ならば小規模企業やベンチャー企業ならよいのか、ということでしょう。もちろん、小規模企業やベンチャー企業も、倒産の憂き目にあうことはあります。そしてその確率は、大企業より高いでしょう。それははっきりとしたデメリットです。

しかし一方で、大企業にはないメリットもあります。まず、所帯が小さいがゆえ個人の裁量が大きく、責任ある仕事を任されるチャンスが多くなります。自分の活躍で会社が大きくなることもあるなど、個人の能力を活かせます。経営陣との距離も近く、意思決定のスピードも速いため、自らが会社に貢献している感覚をダイレクトに持てます。また、一つの業務の上流から下流までを受け持つことも頻繁にあることから、「自分で稼ぐ力」が磨ける企業も多くあるはずです。

また、学生の企業選びの判断基準として、「優秀な先輩が入社したから」「ハイレベルな人材に囲まれて仕事をしたい」など、〝人〟という要素があると思います。大企業には、いかにもエリートたちが集まっている印象でしょう。

確かに日本では、優秀な学生が大企業に就職する傾向が強くあります。アメリカを見ると、優秀な学生ほど、「自らが何かを生み出す」ことを目的に、有望なベンチャー企業に入ったり、会社を興したりします。一方の日本では、大企業という「すでにできあがっている仕組みに乗る」というのが、就職先選びの通例であり、優秀な学生もまた同じ枠組みのなかで動いています。

現在、大企業に入っていくエリートたちは、入社時点での社会的評価は非常に高いわけです。しかしその後、能力を発揮する機会にも恵まれず、ルーティンワークやつまらない仕事の繰り返しという日常を過ごしていけば、優秀さはスポイルされ、一般企業の人材と比べても平凡な人材に成り下がってしまいます。

結論としていえるのは、大企業にいるから優秀な人材であるというわけではない、ということです。

私は、優秀な学生の能力を真に必要としているのは大企業ではなく、「新しいことにチャレンジしている会社」であると考えます。

できあがったものを維持するよりも、ゼロから一を生み出すほうがはるかに難しく、高い能力を必要とするからです。また、生き方としても、大企業で誰でもできるような単純作業ばかりやらされて〝飼い殺し〟になるより、自らの能力をフルに動員して世の中を変えるような仕事を成し遂げていくほうが、「やりがい」を持って幸せに暮らせるのではないでしょうか。

私が尊敬する偉人の一人である出光佐三氏は、明治から戦後の時代を生き抜き、出光興産を創業しました。

出光氏は、明治38年に神戸高等商業学校（現在の神戸大学）に入学したのですが、当時はそもそも大学に行く人間自体が少ない時代であり、出光氏はいわゆる「スーパーエリート」でした。実際に彼の学校の同級生は、卒業後には三井物産や三菱商事といった、日本を支えていた大企業に就職していきました。

そんななか、出光氏が就職先に選んだのは、社員が3人しかいない小さな商店でした。スーツで身を固め、世界に打って出る同級生たちからすれば、前掛けをして汗水たらして働くことを選んだ出光氏がよほど奇異に見えたのか、「学校の面汚し」とまで馬鹿にされたそうです。

しかし出光氏は、自分が間違っているとは思いませんでした。彼には「将来、自分でビジネスを興し、商売をする」というはっきりした目的がありました。それを考えたときに「経理から販売まで、なんでもできたほうがいいだろう」ということで、新卒ですぐにその一連の流れに関わることができる社員3人の会社に入社したのです。

日本では、優秀な学生のほとんどが大企業に行きますから、起業を志す学生の優秀なライバルは少なく、勝ちやすいブルーオーシャンが広がっています。ですから出光氏のように、優秀な学生ほど「自分で会社を作ろう」もしくは「小さな会社を自分の力で大きくしていこう」と一念発起してほしいものです。そしてそのためにはどういった経験が糧となるか考えたうえで、「ブランド」や「企業ランキング」に惑わされずに、有益な経験を積める就職先を選んでほしいと思います。

出光佐三氏はこうも語っています。

「きちんとした人間を作ることが出光の使命だ」

社会に資する立派な人間を、いかに多く育てるかは、企業の重要な使命なのです。

実際に、終身雇用制度の崩壊にともなって、大企業の細分化された仕事に疑問を持ち、小さな会社やベンチャー企業に入社する学生も、一部では出てきました。学生が売り手市場の今、大企業からも引き手数多の高学歴な学生が、自ら将来を考えて、知名度や規模にとらわれずに就職先を選んでいるのです。私の会社にも東京大学をはじめとした一般に高学歴といわれる人材が何人も入社しています。少しずつですが、日本の学生の価値観も変わってきたといえます。

「自分で稼ぐ力」を身につけよ

大企業に比べ小所帯の会社の最大のメリットといえるのが、**携われる業務の幅が広いこと**です。

就職活動をしていればよく聞くフレーズかもしれませんが、これは一般論として紛れもない事実です。小規模企業が限られた資本とヒューマンリソースのなかで経営を続けるには、個人にある程度幅広く業務を受け持ってもらうしかありません。

前項で出光佐三氏の逸話について紹介しましたが、社員が3人しかいないような〝個人商店〟では、新人のうちから営業、販売、仕入れ、経理まですべてに関わらなければなりません。出光氏はそこで商売について総合的に学んだことで、独立に必要なノウハウを吸収して「自分で稼ぐ力」を磨いたのでした。

将来的に独立するかどうかはさておき、小規模企業で幅広い業務を経験しておくと、その業界であればある程度汎用的に役立つ能力を獲得できます。そのため万一その会社の経営が厳しくなって倒産したり、リストラをされたりしても、別の会社に再就職できる力は身につけられるでしょう。

一例として、私の会社に当てはめて説明します。会社は社員150人のベンチャー企業なので、大企業のように業務を細分化して仕組み化するような余裕はありません。また、ここまで述べてきた通り、私の場合は社員に「自分で稼ぐ力」をつけてほしいという思いがあり、新人のときからそれなりに責任のある立場で働いてもらいます。

人事部を例にとれば、現在の採用担当の責任者に、入社2年目の女性がいます。彼女には、採用の計画を立案するところから、プログラムを運営し、集客を行い、説明会の会場をセッティングし、学生に対して会社のプレゼンを行い、実際に面接して内定承諾を得る、というところまでトータルに関わってもらっています。

大企業であれば、「採用」というこの一連の流れを業務として分割し、4～5人に割り振ることになると思います。説明会のプレゼンテーション専門、会場の手配専門など、それぞれの人材が担当する範囲は限定されます。

さて、ここで質問です。

採用業務全般に関わってきた人材と、その会社の「プレゼンテーションの専門家」として働いてきた人材、どちらのほうが「自分で稼ぐ能力」が高いと思いますか。

前者のほうが明らかに社会的ニーズが高く、他社へ移っても発揮できる能力、つまり「自分で稼ぐ力」があるといえます。

プレゼンテーションに特化したスキルも、職種によっては有用な場合があるでしょう。しかし、採用業務のように「自社の紹介」に偏った経験と知識しかなければ、その力を自社以外で転用できる領域は極めて狭くなります。

一方で、業務全体が一通りわかっていれば、知識や経験を活かせる、または評価してもらえる領域は広がります。採用業務の大きな流れ自体は、どんな会社でも大きく変わらないはずです。

このように、**「自分で稼ぐ力」を磨くには、できるだけ幅広い業務の経験が重要**であることは間違いありません。そして、業務が細分化された規模の大きな会社では全体に関わるまでに時間がかかるのに対して、小さな会社では早くから任せてもらえることが多いのです。

また、社員一人ひとりの関わる領域が広いことは、「やりがい」にもつながります。社員数が少ない会社では、一人ひとりの仕事が会社に与える影響が大きくなります。企業規模によっては、自分の働きいかんで会社の業績を変えられることも珍しくありません。そうした会社に長く勤めるほど、あなたは会社にとって、そして他の社員たちにとって「必要とされる人」になっていきます。

本書の序章において「仕事を通じ、誰かに必要とされたり、社会に必要とされたりしていると感じることが、幸せに働くための第一歩である」と述べました。その意味で、小規模企業は大企業に比べてはるかに「やりがい」を得やすく、仕事で幸せを感じやすい職場であるといえるのではないでしょうか。

「どこで働くか」より「何ができるか」

今後の日本は、より「自分で稼ぐ力」が必要な世の中になっていきます。

少子高齢化が進み、超高齢社会が到来した現代において、重要な社会保障の一環であった「年金」の仕組みが瀕死となっています。年金とはもともと相互扶助を基本として考えられた制度であり、人口構成が「若者が多く」「老人が少ない」世の中でないと成り立たないのです。

政府は年金の受給年齢を65歳へと引き上げましたが、それでも財源不足からの脱却は難しく、将来的には、70歳、75歳と、さらに引き上げられていくことも十分に考えられるでしょう。日本の社会構造的に、それしか打つ手がないというのが現実かもしれません。

医療の発展などにより日本人の平均寿命は着々と延びています。平成28年7月時点の厚生労働省の発表では、平成27年度の日本の平均寿命は、男性が80・79歳、女性87・05歳となっています。

そして、寿命そのものだけではなく、「健康に生きられる時間」もまた延びています。それは好ましいことかもしれませんが、見方を変えるなら、働かねばならない時間がどんどん増えている、ともいえます。

体力があり、気力があり、トライアンドエラーをどんどん繰り返していけるのは、若者の特権です。多くの人は、歳を取れば若いときと同じように働くことができなくなります。

そんな状況でお金を稼ぐには、時間を経て磨いてきたからこそ高みに達した技術やノウハウで勝負するしかありません。そうした技術やノウハウを蓄積するのが、すなわち「自分で稼ぐ力」を磨くということです。

このように、かつてとは大きく変わってきた時代背景を考えたとき、安定を求めて大企業を選ぶことが最適な選択だといえるでしょうか。日本が右肩上がりの好景気に沸き、終身雇用が当たり前だった時代には、どれだけ安定した大企業に入るか、つまり「どこで働くか」が重要でした。しかし、**未来を担う現代の学生にとって重要なのは、「何ができるか」**です。会社に人生を投資したリターンとして、やりがいと報酬を得て、なおかつ自分の力で生きていくための技能や経験を培えること。それが、幸せに働き、さらに幸せな人生をつかむということなのです。

第2章

生涯幸せに働くために——人生を投資すべき会社の条件

会社にあるか
「使命感」を持てる仕事が

社会に出て最初にどのような会社に入るかは、その後の人生に大きな影響を及ぼします。

なぜなら、そこで仕事に対する見方や価値観が定まってしまうからです。

新入社員のときに「仕事はつまらない」「生活のために仕方なくやるもの」という価値観を植え付けられてしまうと、どんなに自分に合った仕事であってもそれに気づくことができず、人生の多くの時間が「嫌々」過ぎていってしまいます。

ある大手銀行マンは、新入社員のときに先輩からこんな格言を賜ったそうです。

「月曜から金曜までは奴隷のように働き、土曜と日曜は王様のように遊べ」

これを聞いて、皆さんはどう感じるでしょうか。

冷静に考えてください。

月曜から金曜という人生の時間の大半を「会社の奴隷」として過ごしたことが、土日に山ほど遊んだからといって帳消しにできるでしょうか。

時間は、あらゆる人に平等に流れています。

毎日、穏やかに楽しく働いている人と、月曜から金曜まで奴隷としてストレスを溜め、それを土日で周囲に発散してまき散らす人、どちらが幸せな人生を送るのかは、言わずもがなだと思います。

では、そうした負のサイクルに陥らないためには、どのように会社選びをしたらいいのでしょうか。

大事な判断基準となるのが、**「使命感を持って働けるかどうか」**ということです。

仕事における使命感とはなんでしょう。

例えば日々、生死と向き合っている外科医は、「自分が患者の命を救う」という確固たる使命感を持っているはずです。だからこそ、どんなに忙しくとも、どんなに身体が疲れていても、手術で手を抜いたりはしません。

その会社の仕事や業務に使命感を持てるか、自分がどんな役割を担えるのか……。実際に働かないうちは、そこまで思い至らないかもしれません。しかし、新卒で初めて入る会社に使命感を持てる仕事があるかどうか、つまりその会社の理念に共感できるかどうかは、その後の人生を大きく左右する重要事項です。

それを知るためのヒントを本章でいくつか示していきますので、考えながら読み進めてみてください。

使命感が仕事を喜びにする

使命感を持って働くことの大切さを示す寓話として有名なものに「レンガ積みの職人」の話があります。私なりに要約したものを、ここで紹介しておきます。

一人の旅人が、町はずれの道を歩いていると、一人の男が険しい顔をしてレンガを積んでいるのに出くわした。旅人が「ここで何をしているのか」と尋ねると、男はこう答えた。

「見ての通り、レンガを積んでいるんだよ。朝から晩まで、俺はここでレンガを積まなきゃいけない。暑くても、寒くても、風が吹こうが雨が降ろうが、レンガを積まなきゃいけない。なんでこんなことをしなけりゃならないのか。もっと気楽に稼いでるやつはいっぱいいるってのに……」

旅人が少し先まで歩くと、別の男がやはりレンガを積んでいた。先ほどの男よりも、テンポよくレンガを積んでいるように見えた。何をしているのか聞くと、男はこう答えた。

「俺はね、レンガで大きな壁を作っているんだよ。これが俺の仕事でね。おかげで家族を養っていけるんだ。仕事があるだけでありがたい。家族のためにがんばって壁を仕上げるよ」

旅人がさらに先まで行くと、別の男がいきいきと楽しそうにレンガを積んでいた。旅人が先ほどと同じ質問をすると、男はこう答えた。

「俺は今、歴史に残る偉大な大聖堂を造っているんだよ。完成すれば、ここで多くの人が祝福を受け、悲しみを払うんだ。どうだい、素晴らしいだろう。こんな仕事ができて、俺は幸せだ」

この寓話に登場する三人の男は、全員が同じく「レンガを積む」仕事をしています。

しかし、旅人が最初に出会ったレンガ積みの職人は、特に目的もなく、レンガを積むという「作業」をこなしているに過ぎません。当然、仕事はつまらないし、愚痴のオンパレードです。

一方、二番目に登場した職人は、生活のため、家族のためにレンガを積んでおり「レンガを積んで壁を作る」という自らの役割もわかっています。それなりに納得して仕事をしているので、不満を口にすることはありません。

そして最後に会った職人は、「歴史に残る大聖堂の建設に携わり、人々の役に立つ」という使命感を持って仕事をしています。彼は言います。「こんな仕事ができて、俺は幸せだ」と。彼はきっと雨の日も風の日も、いきいきとレンガを積むでしょう。

これが、使命感を持って働くことの素晴らしさです。**使命感があれば、仕事は苦痛ではなく喜びとなる**のです。そして当然、人生において喜びを感じる時間が長いほうが、幸せを感じられるはずです。

「好きなこと」を仕事にするには

著名な教育者である森信三先生の言葉に、こんなものがあります。

人は生まれるにあたって、天から一通の手紙を与えられている。その手紙には、自分が何を人生でなすべきか書いてある

私もこの考え方に強く共感しました。人間はなんらかの目的を持ってこの世に生まれてきており、その人にしか成し得ないことが必ずあると信じています。

自分は何のために生きるのか。人生で何を成し遂げたいのか。

若いうちからそれを意識し、「天からの手紙」の内容を自覚することができれば、あとは目標に向かって進むだけです。そして目標を達成できれば、人生は最高に充実したものとなります。

人間には、他人に認められたいという承認欲求があります。そのため就職先に関しても、どうしても世間体を気にしてしまいます。特に日本人は、その傾向が強くあります。

かくいう私も、先に述べた通り世間体を気にして就職先を選んでしまい、結果的に自分に合わない会社だった苦い経験があります。だからこそ学生には、他人にどう思われるかなど気にせずに、自分が最もやりたいと思える仕事や、心から入りたいと感じる会社を選んでほしいのです。

とはいえ、社会に出ていないうちから、「自分に合う仕事」を見抜くのは、なかなか難しいかも知れません。

そこで指標にしてほしいのは、「好きなこと」に関わるということです。

自分が好きなこととは、多くの場合、得意なこととイコールです。得意とはすなわち天分があることの証明であり、それが「天からの手紙」に記された、その人が成し遂げるべきことと深くつながっています。

イチロー選手は、野球が大好きで、得意です。テニスの錦織圭選手も、テニスが大好きで、得意です。桑田佳祐さんは、歌が大好きで、得意です。

逆にいえば、大好きで得意だからこそ、人よりもさらに努力でき、壁に当たってもあきらめずに乗り越え、結果的に圧倒的な才覚を持ったその道のプロとして活躍できるのです。

個人的な経験をいえば、世間の目を気にして大企業に入ったものの、私はそもそも、大人数のなかで他人と同じ行動をすることが苦手でした。

入社してすぐ、同期全員に対して、名刺の渡し方や電話の取り方の研修があったのですが、非常に苦痛であり、「この会社は自分には向いていないかも」と感じました。

つまり、私にとって大企業のサラリーマンの仕事は好きでも得意でもないことであり、天分がなかったのです。

一方で私は、他にはないようなアイデアを自分で考え、実行していくことが好きでしたし、得意でした。きっとそれが、私の天分だったのでしょう。

そして、相続で得た土地にアパートを建てる経験をしたことで、自分が進むべき道がわかりました。収益用不動産を経営する面白さ、興味深さに、あっという間に虜になったのです。

現在、私が起ち上げた会社は、幸いなことに順調に成長しています。それも自分が好きな資産運用の仕事（アパート経営）に関わり、かつ「収益用不動産の資産運用に特化したビジネスモデル」という独自のアイデアで勝負する天分を発揮できているからこそだと思っています。

ただし、私のように起業することだけが、天分を発揮する手段ではありません。営業が得意であれば営業職で、教えることが得意であれば学校や塾の先生として、それぞれ活躍すればいいのです。

好きな仕事について考える際には、大きく分けて二つの軸があります。

一つは、「扱うモノやコトが好き」という軸です。

車が好きであったり、野球が好きであったり、本が好きであったりする人は、それに関連する仕事にも興味を持ちます。これは学生のうちから、これまでの自分の棚卸しなどを行って考えていけば、たどり着くことができるはずです。

もう一つは「業務自体が好き」という軸です。

経理が好きであったり、営業が好きであったり、車の運転が好きであったりすれば、それを仕事にするのが理想的です。これは実際に仕事をしてみないとわからないところも多いのですが、アルバイトやインターンシップなどで好きな業務に出合うことがあります。

そのように「好き」を入り口として天分を発揮しやすい仕事を見つけた人が、その仕事で使命感を持てたとしたら、鬼に金棒です。

あとは自らの能力を存分に活かせる会社に入りさえすれば、実り多い幸せな人生を歩めるに違いありません。

会社は社風で選べ

いくら自分に合った仕事に就いたとしても、会社の価値観があまりに自分とかけ離れていると、長続きはしません。楽しく働くことができないのです。

例えば、大学でゼミを選ぶときには、学びたい内容の他に、その教授に師事したいかも重要な指標になっていたはずです。

ゼミというのは教授の価値観や考え方が前面に出ているものです。フィールドワークを重視する教授もいれば、とにかく文献を当たって分析する教授もいるでしょう。もし、フィールドワークが苦手な学生が誤って前者の教授のゼミに入ってしまったら、たとえ学問自体は好きでも、きっとゼミは嫌になってしまうと思います。

会社選びもそれと似ていて、**会社の風土や文化、つまり社風を見て選ぶことが大事**です。

特に小規模企業やベンチャー企業の場合には、オーナー社長の〝色〟がはっきりとしています。そのため、自分に合う会社はバッチリ合います（楽しく働けます）し、合わない会社はとことん合わないことになります。

反対に大企業では、創業社長が率いている場合を除き、同業他社との違いなどの〝色〟が薄い傾向があります。

色の強い会社のわかりやすい例を挙げましょう。

ある大手のベンチャー企業は、大企業ながら創業者かつオーナー社長が率いており、企業の制度などにも社長の価値観が色濃く反映されています。象徴的なのは、社内の公用語を英語にしたことでしょう。平成22年、社長が自ら打ち出し、約2年間の移行期間を経て、平成24年7月より社内公用語を英語に正式移行しました。

もし自分に合った仕事がその会社にあり、使命感を持つことができそうだとしても、日常的に英語を話さねばならないことに大きな抵抗やストレスを感じるなら、やはり働き続けることは難しいと思います。

このように、オーナー社長の〝色〟が反映された社風は、幸せに働くことに大きな影響を及ぼすものであることを、まず知っておかねばなりません。そのうえで、その**社風が自らの価値観とマッチするかどうか**、さらにはそこで働いている社員と合うかどうかを検討することが大切です。

社風に関する情報は、小さな会社やベンチャー企業であれば、オーナー社長の著作やブログ、ツイッターなどを見るとよくわかります。その他、実際にその企業で働いている社員に話をするなどして、しっかりと社風を見極めましょう。

特に新卒の場合は、就活の時点で自分のやりたいことや好きなことが明確になっていないこともよくあります。そんなとき、社風の合う会社（気の合う仲間と働ける会社）であれば、入社してから興味のある業務や好きな仕事をじっくり探すこともできるはずです。

最初に出会う師が一生に影響する

新入社員のときに「仕事はつまらない」「仕方なくやるもの」という価値観を植え付けられると、どんなに自分に合った仕事であってもそれに気づくことができず、人生の多くの時間が「嫌々」過ぎていってしまうと述べました。

そうならないためには、逆に「仕事がおもしろい」「楽しんでやるものだ」という前向きな価値観を持った人と一緒に仕事をすることです。その価値観が自分に浸透すれば、人生の多くの時間を「楽しんで」過ごすことができます。

では、そんな先輩には、どうすれば出会えるのでしょうか。よくいわれるように、上司は自分では選べません。そして、当たり前ですが、新入社員に対しては多くの上司や先輩が前向きなことを語ります。業務上、新卒指導の際には良いことを言いながら、実際は飲み屋でくだを巻いている人も少なくありません。

そこで注目してほしいのは、ベンチャー企業です。

私も含め創業社長というのは、自分が好きでそのビジネスを立ち上げているわけですから、全員が仕事を楽しみ、前向きに働いています。なにしろ、それがなければ起業というハイリスクな選択をする必要がないのですから、当然です。

個人的には、**小さな会社で働く大きなメリットは、創業社長と一緒に仕事ができること**だと考えています。創業するほどのエネルギーを持ち、前向きに仕事をしている人から直々に手ほどきしてもらえるのは、新入社員にとって価値ある経験です。

さらにいえば、創業社長はビジネスを自ら創出しているわけですから、「自分で稼ぐ力」に秀でています。有名企業の看板に頼らず、自分の腕一本で生き抜いてきた人の経験や考え方に直接触れることで、自立することの意味を肌で感じ、自分がこれからの時代を生き抜いていくうえでの大きな財産となるでしょう。

自分で稼ぐ力を磨くなら断然BtoC

仕事を選ぶ際には、その会社がどんなビジネスをしているのかも、事前によく把握しておかなければなりません。繰り返し述べている通り、仕事に使命感を持てるか、社風が自分に合っているかを見極めることも必要ですが、入社後に自分がどうなれるかもまた重要な判断基準です。

ビジネスのタイプには、大きく分けてBtoB（企業対企業）の取引と、BtoC（企業対消費者）の取引があります。どちらも重要な仕事であることに違いはありませんが、仕事のなかで身につく力には大きな違いがあります。そして仕事を自ら取ってくる力に関しては、BtoCのほうが身につきやすいでしょう。

BtoBは、基本的に「論理」の領域で行われます。双方に「自らの会社の利益」という明確な目的があり、達成すべきポイントも明らかなことが多いので、ロジカルに取引が進みやすいのです。

これを別の観点から考えれば、取引にはある程度、予定調和の部分が存在しているともいえます。売る側としては、たとえ相手が気難しい社長であっても、確実に利益が得られることをはっきりと示せれば、仕事を取ることができるでしょう。

一方で、BtoCの取引には感情も絡んできます。

例えば、高級車の営業について考えてみてください。買う側からすると、同じ車種であれば誰から買っても性能に違いはありません。性能や価格の要件さえ満たせば売れるので、BtoBではインターネットだけで注文を受けてもいいわけです。そのほうが接客にかかる人件費や、担当者が店舗まで出向く費用なども削減できます。

しかしBtoCで考えた場合は、そうはいきません。

自分の身に置き換えて考えてみてください。消費者が高級車の購入という「大きな買い物」をするなら、自らが納得し、それだけの価値を感じた時点で購入したいと思うはずです。

そうした買い手側の納得ポイントは、人によって異なります。乗り心地を重視するのか、加速重視なのか、ボディの造形の美しさに惚れるのか。なかには、心地よいエンジン音が決め手になる人もいるかもしれません。

これらは、論理で説明ができるものではなく、買い手の感情によって大きく左右される部分です。

そこで出番となるのが、車の営業担当者です。

営業が一流であれば、最初に接客した瞬間から、そのお客様が「車に何を求めているのか」「どんなことに重きを置いているか」を嫌味なく探り、お客様の心にしっかり響くようなセールスを展開できます。

また、高い買い物では特に、お客様にとって営業担当が信頼できる人物かどうかも重要なポイントです。

一度、信頼を失えば、どんな売り文句も心には響きません。これは「過去に事故を起こしていない」「実験を繰り返し証明された」といった製品に対する物理的な信頼度とは別の、個人に対する信頼という感情の領域の話です。

このように、B to Cの仕事においては、論理的に相手を納得させることに加え、相手の感情を読み取る、自らの感情をコントロールする、というような能力が求められます。仕事において、論理と感情という二つの領域の境界を自由に行き来し、論理的にも感情的にも相手を納得させることができるようになれば、仕事の受注率は大きく上がります。

そう考えるなら、**B to BよりもB to Cの領域において仕事を取ってこられるほうが、「自分で稼ぐ力」が高い**といえるでしょう。

特に営業系の職種を志すなら、最初からB to Cの領域で勝負し、「自分で稼ぐ力」を磨くことをお勧めします。

福利厚生は制度導入の背景を探れ

安定志向の学生にとっては、会社の「福利厚生」も非常に気になる項目でしょう。これは大企業志向とほぼイコールです。「資本力のある大企業のほうが福利厚生もしっかりしているだろう」という信頼感があると思います。学生の親世代においてもこの考え方は顕著だと思います。

しかし、繰り返し述べている通り、もはや社会の前提が変わっています。大企業であっても破たんする可能性を考えなければなりません。

企業の業績が下がったとき、真っ先にコスト削減の対象になるのが、広告、そして福利厚生です。これは小さな会社でも大企業でも同じでしょう。

経営環境や業績の変化に応じて、福利厚生の内容が見直されることはよくありま す。ある大手の企業では、かつて「株式の持ち合い」が行われており、株主よりも社員に優先的に利益を還元しようという風潮があり、福利厚生も手厚いものだったそうです。具体例を挙げると、社内預金制度の金利は6％で、上限はあるものの、かなりの金額を預けることができました。満額を預ければ、何もせずとも年間数万円、あるいは数十万円ずつ預金が増えていくことになります。当時の金融機関と比べても有利な金利でしたが、平成30年現在の銀行の預金金利を考えれば、まさに夢のような話です。さらに以前は、金利8％で金額が無制限という時代もあったというから驚きです。

しかし、バブル崩壊後の不景気やアメリカの圧力などで、持ち合いをしていた株を解放せざるを得なくなると、そこに群がったのは外国人投資家でした。後ほど詳しく解説しますが、西洋の合理主義においては、会社は株主の利益を出すためだけに存在し、社員は二の次です。以来、この会社でも社内預金制度は毎年のように縮小の方向で見直され、数年後には、制度自体が廃止になってしまったといいます。

このように、現時点でいくら福利厚生が充実していたとしても、数年後にはどうなるかわかりません。繰り返しになりますが、業績が下がったとき真っ先に見直されるのが、福利厚生なのです。

小規模企業においても、やはり福利厚生をあまり信用してはいけません。

私が他社の求人広告を見ていると、手厚い福利厚生をうたい文句に学生を誘っている会社が散見されます。しかもそのなかには、個人的には悪質と感じるものがいくつもあります。

そうした企業は、確かに福利厚生だけを取ってみれば、かなり手厚くなっています。しかしその分、給料がずいぶん低く抑えられているのです。経営的にいえば、給料として払おうが、福利厚生に充てようが、支出として違いはありません。むしろ経営が悪化した際に、給料を下げようとすると大きな抵抗にあいますが、福利厚生を削るといわれれば「仕方ない」と同意を得やすいでしょう。だから「給与が高い」ではなく「福利厚生が充実」を売りにするのです。極めて巧妙なやり方です。手厚い福利厚生の裏にはそんなからくりが存在する場合があることも、知っておく必要があります。

では、福利厚生はまったく考慮しないほうがいいのかといえば、そうではありません。

会社の福利厚生に対する姿勢は、すなわち会社が社員をどう考えているのかの表れです。その質を図るには、「なんのためにその制度をやっているのか」という根本的な価値観を知る必要があります。手前味噌になってしまいますが、ここで私の会社で導入している「奨学金支給支援制度」について紹介しましょう。この制度を導入した背景にあるのは、奨学金滞納問題です。日本の大学、あるいは大学院に通う学生のうち、半数以上が奨学金を受給していますが、一方で卒業後の返済が滞ってしまうケースも多く、3カ月以上延滞している利用者が約17万人（平成26年度）にのぼるなど社会問題化しています。

奨学金が返せないことの影響は、決して小さくありません。クレジットカードの利用に制限がかかったり、住宅ローンが組めなくなったりする場合もあるのです。それだけでなく、本人の心理的負担もあります。「借金返済に苦しんでいる」状態では、仕事に対する前向きな気持ちや喜びが失われてしまうでしょう。

私にとって社員とその家族は「第二の家族」です。こうした人材を経済的負担から救うとともに、よりモチベーション高く仕事に専念してもらうために、私は全社員の奨学金返済を無制限に支援することを決意したのです。

このように、特に小規模企業の場合、**オーナー社長の社員に対する思いが福利厚生に強く反映される**ものです。学生としては、面接や会社説明会などで、「どんな思いでこの福利厚生を実施しているか」を突っ込んで聞くといいでしょう。それだけで福利厚生の質を完全に見抜くことは難しいですが、それでも「理念が福利厚生と深くつながっている」など、本気度の一端はうかがえるはずです。もしインターンに行くことがあれば、社員に福利厚生によって幸せになっているかどうかをそれとなく聞くといいかもしれません。説明会で述べられたのが「きれいごと」なのか現実と一致しているのかがわかる貴重なチャンスです。

「つらい仕事」の定義は人によって違う

やたら残業が多い会社には入りたくない、ブラック企業には入りたくない。初めて正社員として社会に出る学生にとっては、労働環境、特に残業は重大なトピックです。平成29年以降、世間的にも残業と長時間労働は大きな関心事になっています。安倍政権は、「働き方改革」と題して企業の長時間労働是正と生産性向上に取り組んでいるところです。

そんななかで社会的な大議論のきっかけとなったのが、大手広告代理店で入社1年目の社員が自殺するという事件でした。その死が裁判所により過労死と認定されたことで、テレビや新聞の報道が過熱。亡くなった女性が勤務していた大手広告代理店には、労働基準監督署が立ち入り検査を行う事態となりました。

念のために解説しておくと、日本の企業は労働基準法によって、勤務時間は「1週間で40時間、1日8時間まで」と決められており、それを超える仕事が残業となります。大手広告代理店の女性社員が亡くなる前の残業時間は、月100時間を上回っていたということです。

学生にとっても、このニュースは働き方や仕事に対する考え方をあらためて自問自答するきっかけになったことでしょう。

人が死を望むような過酷な残業は、誰もやりたくないと考えるはずです。では、残業は不幸なことなのでしょうか。ここで残業と幸せな働き方について考えてみます。

幸せに働くには、「やりがい」と「収入」のバランスが重要であると述べてきました。もし、現在の仕事に大いに「やりがい」を感じているのであれば、仕事は喜びであり、楽しいのですから、たとえ残業があってもさほど苦にならないはずです。一方で、「収入」に重きを置く人であっても、きちんとした会社であれば残業には対価が支払われるのですから、時間や苦労に見合った見返りが得られることになります。

　これらはもちろん、理想であり正論です。残業代が払われない会社もあるし、いくら楽しくても無限に働くことはできません。しかし、問題は残業が多いことではなく、楽しく仕事ができていないことにあるのではないでしょうか。好きなこと、楽しいことであれば、時間も忘れて夢中になります。精神的ストレスもかからないはずです。

　そして個人的には、万が一、仕事に苦痛を感じるのであれば会社を辞めるという勇気も持ってほしいと思います。

　もちろん一般論として、社員が苦しい目にあっているなら会社のほうを正すべきという意見があることは理解しています。しかし、精神的な強さや価値観は人によって千差万別であり、十把一絡げにあらゆる残業が悪と断じてしまうのは、いささか早計ではないでしょうか。世の中には仕事が楽しくてしょうがないと感じている人がいるのも事実です。

上場企業は株主のための存在

ここまで見てきた、福利厚生や残業に対する企業の姿勢というのは、結局は「会社にとって社員はどういう位置付けか」ということに集約されてきます。真に社員を大切にしているなら、福利厚生や残業が社員にとって心地よい状態に落ち着いており、逆であれば社員は不満を抱えることになります。

会社が社員をどのように考えているかを判断するうえでの一つの指標になるのが、企業が上場しているかどうかです。

上場企業と非上場企業の大きな違いは、企業運営の目的にあります。

資本主義経済において、あらゆる企業が目指すのは利益を上げることですが、「なぜ利益を上げるのか」という目的の部分において、上場企業と非上場企業には大きなかい離があります。

非上場企業において、「なぜ利益を上げるのか」は、経営者の考え方によって変わります。「自らの利益」であったり、「社員の幸せ」であったり、いくつかに分かれるでしょうが、いずれも「自社内の利益」の範疇に収まってきます。

一方の上場企業においての目的は、たった一つに絞られます。

それは「株主利益の最大化」です。

会社のすべては「株主の利益」のために存在しており、社員はそれを最大化するための手段であり、道具である、というのが上場企業の本質であり、株式を公開している以上、そこが揺らぐことはありません。

より厳しい言い方をすれば、上場企業において社員は、株主のために働く運命にあります。

株主が最も重視するのは、結局のところ株の「時価総額」です。上がって当たり前、上がらなければ社員をリストラして、利益を増やせといいます。そして株主たちは別にその会社と一生付き合うつもりで株を買っているわけではなく、必要ならすぐに売り飛ばします。

そうした会社にするのが嫌だからこそ、前述した出光佐三氏は、最後まで上場に反対し続けたのです。

日本の株式市場は、戦争に負けて欧米的な思考が流入してきたことから形成されましたが、それでも古き良き日本の大企業のいくつかは、その考え方に芯まで染まらず、家族として社員を守るような経営を続けてきました。

そのようなことを可能にしていたのが、株の持ち合いです。三井物産なら、系列の三井海上、三井銀行などでお互いに株を持ち合い、いわば「一族」のなかで株を保有していたため、外部からの干渉を受けることはありませんでした。

ところが、バブル崩壊を契機として、アメリカがその「日本的経営」に圧力をかけてきました。当時、世界最大の預金量を誇っていた日本の銀行に対して自己資本率を上げるように要求するなどした結果、銀行はこれまで長期にわたって「持ち合い」で保有していた株式を売らざるを得なくなりました。

そして、日本の上場企業の多くが、日本人のものではなくなりました。日本最大の不動産会社である三井不動産でさえ、現在は半分以上の株主が外国人であり、その割合はさらに増え続けています。

では、社員にはどんな影響があったか。

それまでの日本的経営において、会社の利益は家族である社員に還元するのが当たり前でした。利益が出れば、社員の給料は上がり、福利厚生が手厚くなりました。

ところが、アメリカによって半ば強制的に株式を取得されて以来、上場企業の社員の給料は一向に増えないどころか逆に下がるようになり、一方で株主に対する配当額は、何倍にも膨れ上がっています。日本人が一所懸命稼いだお金が、配当と称して外国に持っていかれているのです。

バブル崩壊後、大企業で行われてきたリストラにしても、株主への配当を増やさなければ回避できたものがいくつもあると私は考えています。

内部留保があればすぐに「株主に還元せよ」とつつかれて配当に回さざるを得なくなるため、危機に際しての備えができなかった結果、リストラを断行するしかなくなったのです。

個人的には、社員とは人間的な関わりを何も持たない投資家である株主のために、社員に対し「利益を増やせ」「経費を削れ」「首を切れ」というのは、本当にばからしいことだと思っています。これが、私の会社が上場できない理由です。

このような現実を見れば、現代において責任を持って社員を守れる会社というのは、非上場企業でしかないといえます。

ただし、非上場であっても社員を道具としてしか考えない社長もたくさんいるため、悩ましいところです。非上場企業で就職先を探すなら、前述した通り、オーナー社長の人間性をしっかりと見抜く努力をしてほしいと思います。

「選んでもらう」意識を捨てよう

学生が自分に合った会社を探すのと同じく、企業も自社にマッチした学生を探しています。学生からすると「いい会社に採用してもらいたい」という気持ちが強くなってしまうかもしれません。しかし本来、会社と社員はお互いに選び、選ばれる関係であるべきです。そういう意味で就職は、生涯のベストパートナーを探す結婚に似ているともいえるでしょう。

結婚を決断するときに、相手に隠し事があったり、嘘をつかれていたり、言いたくても言えないことがあったりしたら、その後の結婚生活には不安が残ります。そんな状態であれば、すべてがクリアになるまで結婚しないか、違う相手を探すはずです。お互いに良いところも悪いところも知ったうえで、選び、選ばれるのです。

では就活ではどうでしょうか。結婚相手を探すように、互いに本音をさらけ出して、選び、選ばれる関係を築けているでしょうか。残念ながらそうではありません。企業にとって採用メディアや説明会は自社をセールスする場です。なるべく聞こえがいい言葉を並べて、ターゲットとなる学生をとにかくたくさん集めようとします。仕事の厳しい面も、一般論としては語られることがありますが、社員が本気で愚痴をこぼすような部分にはさすがに触れられません。そうして母集団を確保しておいて、その後の選考では厳しくふるいにかけていくのです。お金を払って広告を打っているのですから、当然です。

一方で学生の側も、企業の募集広告を見て応募し、そこからは「選んでもらう」ために必死です。応募する企業は十分に検討して選んでいるのかもしれませんが、選考過程においては選ばれる側になってしまいます。面接対策などで顕著なように、どうすれば優れた学生に見られるかを考え、演出するのです。

また、学生と企業をつなぐ大学は、情報提供や斡旋の仕方が偏ってしまいがちです。大学のキャリアセンターには、規模の小さなベンチャー企業の求人情報はなかなか置いてもらえません。実際に私も「場所がない」と断られた経験があります。大学が積極的に提供するのは有名な大企業の求人情報です。大学にとっては、卒業生の就職先がそのまま大学のブランドになるのですから、小さな無名企業とは力の入れ具合が違います。大学も生き残りをかけて必死に学生を集めていますから理解はできますが、学生の立場になれば、生涯のベストパートナー「かもしれない」企業との出会いのチャンスが奪われているともいえます。

こうした現状を見ると、企業も学生も大学も、それぞれ良いところばかりを主張し合ってマッチングがうまくいっていないように思います。

学生は、特定のメディアや大学以外からも、広く情報を集めるべきです。そして企業には遠慮せずに本音をぶつけ、聞きたいことは根掘り葉掘り聞いてしまうべきです。「そんなことをしたら内定が取れない」と恐れる人もいるかもしれません。しかし「少しでも良い人材を採ろう」と本気で選考している企業であれば、積極的に自社の良し悪しを見極めようとする学生を高く評価するものです。結果的に、互いに本音で話して「合わない」となれば企業は内定を出さないでしょうし、学生が選考を辞退してもおかしくありません。逆に、聞きたいことも聞かず、終始お茶を濁すようにして内定を取ったとしても、幸せに働いていけるとは思えません。

メディアなどに表れない企業の本質をつかむには、インターンシップに参加するのが効果的です。私の会社でも、丸一日、イベント型の「社内インターンシップ」を行っています。

インターンシップで重要なのは、その企業で働く社員の本音を聞き出すことです。社員がどのような雰囲気で働き、何に苦労し、何を楽しんでいるかをよく観察するといいでしょう。また、説明会での話が真実かどうかを、肌で感じることもできるはずです。

第3章

どんな社会、どんな会社でも「評価されるビジネスマン」の仕事との向き合い方

評価されなければ仕事をする意味がない

自分に合った会社が見つかり、相思相愛で入社したとしても、当然就職がゴールではありません。入社はあくまでスタートにしかすぎず、幸せに働き続けることが一つのゴールです。

序章でも述べた通り、幸せに働くために最も大切なことの一つが「やりがい」です。

そして、仕事のやりがいは周囲からの「評価」に大きく左右されます。

人が生きていくということは、評価されることと不可分です。そして、仕事においては特に、あらゆる場面で評価がついて回ります。上司、同僚、部下、お客様……さまざまな目線での評価があり、それが総じて組織内の評価となっていきます。たとえ一人で仕事をする個人事業主であっても、お客様や社会から評価されなければお金を稼ぐことはできず、生きてはいけません。

つまり、どんな人生を歩んでも、評価されることからは逃げられないということです。評価は誰かの役に立ち、喜んでもらえた証でもあります。評価されなければやりがいが得られず、幸福にはなれません。仕事をする意味すら失われてしまいます。

そもそも評価されるとはどういうことなのでしょうか。

大前提として意識しなければいけないのは、評価をするのは「他者」であって、自分ではないということです。

例えば、料理人がいくら自分の料理に自信があり「これはおいしい、最高だ」と言い続けても、それを食べたお客様が「おいしくない」と思えば、評価はされません。その料理人がいかに時間をかけ、最高の食材を使ってていねいに料理したと力説しても、他人がそれを食べておいしくなければ、評価は低くなります。

根拠のない自信のある人ほど、自らの行動を「正しい」と考えがちで、それが評価されなければ「一所懸命やっているのになんで評価されないのだ」と憤りを覚えるものです。本当に実力がある人であればいいのですが、自己評価が他者評価を上回っているような人は、かなりやっかいです。

いくら自分で「仕事ができる」と主張したところで、まったく意味はありません。評価を決めるのは他人であることを、しっかりと理解する必要があります。

そして、他者が自分を評価するとき、客観的な基準と主観的な基準があります。例えば大学のセンター試験は、数字という「客観評価」で合否が決まります。どんな人間であっても、合格点を取れば合格、下回れば不合格です。学生時代は、こうした客観的な指標で評価されることがほとんどだったと思います。

ところが、仕事における評価には他者による「主観評価」が多くあります。実はこれは就職試験の段階から始まっていて、入り口こそSPIなどの客観評価が導入されますが、最終的には人事担当者や面接官が主観で「この人がいい」と思った人材が内定をもらうわけです。業務においても、営業成績などの客観的な指標とは別に、上司や人事担当者の主観が入ります。相手から見て優れていると評価されるのは、テストの点数を上げることほど単純ではありません。

成果と評価が比例しないこともある

仕事で他者から評価されるためには、何が必要でしょうか。組織で働く場合、その要素は「成果を上げているか」、そして「組織の方向性に合っているか」です。

成果を上げるというのは、売上目標を達成するなどの結果を出すということです。いくら努力をしようが、長時間働こうが、成果が上がらなければまったく意味はありません。仕事でお金を稼ぐというのは、その道のプロになるということに他なりません。プロ野球選手が「私は毎日１０００回素振りをしている」という理由だけでほめられることはないでしょう。むしろ素振りを1回もせずとも、試合でより多くヒットを打つ選手のほうが、成果を上げるという意味では評価されるはずです。

仕事をしていても「遅くまでがんばっている」「プレゼンの練習を何度もこなした」など、そのプロセスを評価してほしいと考えている若手社員によく出会います。しかしそれを認めてしまうということは、成果が上がらなかったときの言い訳を認めてしまうのと同義です。そこに成長はありません。社会人として仕事をする以上、成果を上げることは評価されるための「前提」なのです。

しかし一方で、高い成果を上げたとしても、それだけでは評価にはつながらないケースが多くあることも知っておかなければなりません。

私は以前、平成10年に開催されたサッカーワールドカップのフランス大会で、日本代表チームのコーチを務めた人とお会いしたことがあります。その方からまさに、「成果を出しただけでは評価されない」という実例をうかがいました。

当時、日本のサッカー界で最もすぐれた選手といわれていたのが、「キング・カズ」こと三浦知良選手です。当時は30代前半で、世界最高峰のサッカーリーグであるセリエAにも移籍経験を持ち、まさに選手として脂ののった時期でした。もちろんワールドカップの予選にも参加し、得点も挙げ、実績だけ見れば日本代表に入って当たり前という状況です。しかしよく知られる通り、三浦選手はワールドカップ本戦の日本代表には選ばれませんでした。

このとき日本代表を率いていた岡田監督は、「個人の力よりも、チーム全員の力」を重視して組織づくりを行っていたそうです。監督から見て、いくら実力があっても三浦選手の個性がチームにマッチしなかったのでしょう。結果、実績（成果）があるにもかかわらず、当時の日本代表チームにおいては評価が得られなかったということになります。もちろん伝え聞いた話なので実際のところはわかりませんが、このように個の成果と組織内での評価が比例しないケースは、会社の仕事でもあり得ます。営業成績が部内有数なのに、社長とそりが合わないために評価されない……。そんな例は枚挙にいとまがありません。

仕事で評価されるためには、成果を上げることは必要条件であり、さらに組織の方向性に合わせることが十分条件となります。だからこそ、**入社前に会社の風土や文化、雰囲気を知っておかねばならない**のです。

誰に評価されればいいのか

仕事では、上司はもちろん同僚やお客様など、四方八方から常に評価されています。同僚から「お前は頑張っているよ」と評価されればやりがいは感じるかもしれませんが、出世や高い報酬にはつながりません。では、どんな立場の人からの評価が高いと、「仕事の評価が高い」状態といえるのでしょうか。

この場合の評価は、二つ存在します。一つは、上司や人事部など「社内の評価」。もう一つは、お客様や取引先など「社外の評価」です。二つとも満たすことが理想ですが、小規模企業においては、この二つの評価が重なっているケースがほとんどです。

小規模企業において、社内評価が高く社外評価が低い人材ばかりだと、会社は早々に破たんするでしょう。逆に、社外評価が高いのに社内評価が得られていない人材は不満に感じ、より自分を高く社内評価してくれる会社へと移っていきます。そちらのほうが当然、給料もいいはずです。

つまり小規模企業は、社員の社内外における評価が一致しなければ成り立たないのです。社員からすれば、小規模企業で活躍していると自然に社内外の評価がついてまわることになります。そして「社内外の評価が上がっていく」というのはすなわち、「自分で稼ぐ力」が磨かれ、成長を続けている状態にあるといえます。

一方、一部の大企業、特に、自分で売り上げを直接作る必要がないようなインフラ系の会社では、外部に対し成果を上げる必要がないので、内部だけで評価が成り立ってしまいます。そうした環境では「いかに上司に好かれるか」「社内にコネがあるか」というような内部の評価者に対するアプローチが、何よりも重要になってきます。

ただ、「なんのために評価が必要か」という原点に返って考えたとき、上司のご機嫌ばかりうかがい続けることが評価されるような仕事に、はたして誰もが「やりがい」を感じられるかといえば、微妙なところでしょう。

超ブランド企業でノイローゼが多い理由

事前にできることを自分なりに精一杯行ったうえで就職活動に臨み、自分に合った企業を見つけられたと思っても、ミスマッチの可能性が完全にゼロになるわけではありません。

万一、組織の方向性が事前のイメージとあまりにかけ離れており、それをどうしても受け入れられない場合は、辞めるしかないでしょう。

私は新卒で、事業企画という花形部署に配属されました。しかし、前述の通り組織が肌に合わず、また自分の力不足により期待された成果を残せなかったため、わずか1年で別の部署に異動になりました。

そのときは屈辱的な思いをしましたし、本当に落ち込みました。その様子を外の世界から見れば、部署が変わろうが大企業に勤めていることに変わりはなく、給料が減るわけでもないので、「大したことではない」と思う人が多いでしょう。ただ、私にとっては社会から否定されたような気がして、本当に落ち込みました。

日本には、職業選択の自由があります。本気で耐えられないなら、辞めて別の道を探せばいいだけです。かく言う私も、その選択をした一人です。

しかし、一般に思われている以上に会社を辞められない人が多いのが事実です。特に、大企業のなかでもさらに世間の評判が高い「超ブランド企業」では、辞めるハードルも高くなります。結果、いつまでも辞められずにノイローゼになってしまう人がたくさんいます。

心の病にかかってしまえば、満足に仕事はできません。

ある大企業では、そうした社員たちは会社の「保健室」に毎朝出勤し、そこで一日中ネットサーフィンをして帰宅するといいます。その企業では、5年間は心を病んだ社員をケアすることになっており、給料も満額の一定割合を支給していました。この手厚さもまた辞められない理由ではあるのでしょうが、そもそも病気になるほどつらいのなら、心が壊れる前に辞めるのが一番です。しかしそれができず、ノイローゼになってしまう。最悪の場合、自ら命を絶ってしまう……。

なぜそんなことが起こるかというと、おそらく企業の「ブランド」が心の鎖となり、行動を縛るせいではないかと私は考えています。

「せっかくこんないい会社に入ったのだから、絶対に辞められない」「辞めてもまた同じようなブランドの企業に入れるかわからない」「勝手に辞めたら親を失望させることになる」。こうした心理が呪縛となって、辞めるという選択肢を見失ってしまいます。

こうなると、その人にとっては「その会社でしか生きていけない」ことになります。外の世界が消え去り、眼前に広がるのはただその会社の世界だけ。どんなに嫌なことがあっても、心が壊れるほどつらいことがあっても、その会社しかないわけですから、そこで生き続けなければいけないのです。

こうした心理状態は、誘拐され監禁状態にあった人が、急に逃げ出せる状態になっても「逃げる可能性自体、考えられなくなっている」ために、逃げずにそこにとどまり続けることと、とてもよく似ています。

いずれにせよ、こうした状態に置かれるのは、「幸せに働く」というのとは真逆のことです。

そのような心理状態になるのを防ぐためにも、日ごろから「人生を幸せにするために仕事があり、特定の会社のために人生があるわけではない」ことを忘れずにいてほしいと思います。

だからこそ、企業の規模やブランドに惑わされず、自分に合った会社をしっかりと選ぶ必要があるのです。

自己犠牲の精神で「組織の英雄」になる

組織で評価され、成長していくためのポイントとなるのが、自己犠牲の精神です。先ほど述べた通り、評価は他人が決めるものです。上司、部下、同僚のそれぞれが、あなたの人物像を主観で定めており、それがポジティブであるほど、評価は高くなります。

そのように評価される人材になるためには、自己犠牲の精神が必要です。

組織というのは、誰かが「大変な役回り」を引き受けているからこそ、うまく回っています。休日出勤であったり、不測の事態が起きたときの穴埋めであったり……。

誰もが休みたいときや、嫌がる仕事があるときに、率先して手を挙げ、ある意味で自らを犠牲にできる人間に人望が集まります。そのような「あり方」自体が人を惹きつけるのです。特に部下は上司の行動をつぶさに見ていて、そういう人についていきたいと思うものです。

究極の自己犠牲は、組織のために命を捨てることです。幕末から明治時代に生きた偉人、東郷平八郎や乃木希典といった「国家の英雄」は、日本のために身をささげたからこそ、国民から感謝されて英雄となり、神様として神社に祀られるようになりました。

もちろんビジネスで、命を捨てることはありません。自己犠牲の精神を発揮して誰かを助けることが多いほど、周囲の評価が上がり、会社からの評価につながります。体力のある若いうちは特に、率先して自己犠牲の精神を発揮し続けてほしいところです。そして、それを長く続けていけば、いつしかあなたは「組織の英雄」となり、リーダーとして部下を率いる立場になるはずです。自己犠牲は結果として周囲から評価されますので、究極のところは自己肯定といえます。

自分の限界ぎりぎりを見極める

仕事では成果を上げることも大切ですが、新入社員のうちから質の高い仕事をして、目を見張るような成果を上げられる人は、極めてまれです。

実力がまだついていない状態で成果を上げるためには、量をこなすしかありません。逆に、実力を量でカバーできるのは若いうちだけであり、30歳を超えると体力が低下し始め、20代と同じようには働けなくなってきます。30代で質の高い仕事をするためにも、20代で量をこなして基礎力を磨いておく必要があるといえます。

私は、週に2~3回、ジムに通って筋トレをしています。もともとはダイエット目的で始めたのですが、今では鍛えること自体が楽しくなっています。

筋トレには、仕事と多くの共通点があります。

筋肉を鍛えるためには、今の自分の限界ぎりぎりのところまで、負荷をかける必要があります。負荷が軽過ぎれば筋肉は大きくなりませんし、重過ぎれば身体が故障してしまいます。「限界ぎりぎり」というのが、最も効率的に筋肉を成長させるためのポイントなのです。

仕事もまったく同じです。楽をしていては実力がつかず、限界以上に不眠不休で働けば心身を病んでしまいます。

入社したらまずは、自分にとって「限界ぎりぎり」と思うところまで、徹底して仕事をやってみてほしいと思います。それを繰り返すと、限界がどのあたりにあるかわかります。そこではじめて、最も効率的に仕事の実力を上げることができるようになります。

周囲から求められる力を身につける

筋肉は、鍛えるほどに成長していきます。そしてそれは、見た目にも明らかにわかります。ところが、仕事で自分が成長しているかどうかは、視認できません。では、いったい何をもって「成長」と考えるべきなのでしょうか。

一つの目安として考えられるのは、年齢に応じて求められる力を身につけることです。社会においては、年齢ごとに評価されるものが変化していきます。20代では、「頭脳の明晰さ」が評価されがちで、頭のいい人がシンプルに尊敬されます。

ところが30代になると、頭がいいだけでは人を惹きつけられません。心が寛大か、自己犠牲の精神があるか、といったような人間的な魅力も求められるようになります。では、キャリアを積んだ40代では、何が求められるのか。頭脳と、人間的魅力に加え、「肚がすわっているかどうか」が見られるようになります。すなわち、心がぶれず、何があっても動じずにどっしりと構えて事に当たれるかどうかです。

このように、キャリアが上がるほど求められるものが多くなっていくことがわかります。そう考えれば、年齢に応じただけのものを身につけていければ、着実に成長してきたといえると思います。

具体的にどうすればいいかといえば、前述の通り若いうちはとにかく限界まで仕事をする経験を積むことです。そうして成果を上げていると、小さな企業であれば20代から30代の間には部下が何人かつくようになります。そこで部下を惹きつけるような人間的魅力が問われるわけですが、人を惹きつけるリーダーになるには、自己犠牲の精神を持って、組織のために尽くさなければなりません。そして、40代以降に必要な「胆力」は、たくさんの部下を動かし、主導的な立場でいくつもの経験をすることで初めて身につくものです。

「ワーク」「ライフ」すべてを充実させる

就職情報サービスを提供しているマイナビが行った「2017年卒マイナビ大学生就職意識調査」で、学生に「就職観」について質問した項目があります。

そこで1位となったのは、「楽しく働きたい」という就職観。これはこの十数年変わっておらず、文理男女すべてでトップであるといいますが、回答数で見ると2年連続で減少傾向にあるようです。

私が特に注目したのは、2位の「個人の生活と仕事を両立させたい」という就職観です。2013年卒の調査から4年連続で増加傾向にあり、文系男子では1位に迫る割合となっています。

その理由についてマイナビでは「ワークライフバランスという言葉の浸透に伴い、仕事と私生活の両立が就職観としてより重視されるようになってきていると考えられる」と分析しています。

「ワークライフバランス」という言葉がよく聞かれるようになったのは、10年ほど前からでしょうか。平成19年に内閣府が「仕事と生活の調和（ワークライフバランス）憲章」を策定したことが、きっかけとなったように思います。そして現代では、社会人のみならず就職前の学生の間にも浸透し、調査結果からもわかるように就職観にダイレクトに影響を与えています。

個人的には、これは非常に憂慮すべき事態であると考えています。なぜなら、ワークライフバランスという発想には、大きな矛盾が潜んでいるからです。「ワーク」と「ライフ」のバランスを考えるというのはすなわち、仕事と人生を分けてとらえているということに他なりません。実はそこに落とし穴があるのです。

仕事をしている時間は、人生の大部分を占めています。一般的には、人生の時間の2分の1から3分の1を仕事に捧げなければなりません。そのような長い時間を人生から切り離してしまうことができるでしょうか。もし「仕事は生活のための手段」と考えて切り分けてしまえば、人生そのものの充実度に大きな影響が出るのは必至です。**働くことは人生の重要な一部であり、人生のなかに仕事があります**。そして仕事が充実しなければ、人生の多くの時間が充実しないまま過ぎていきます。

もちろん、趣味や家庭といった仕事以外の時間を大切にしたいという気持ちはわかります。しかし、私生活と仕事にあえて精神的な境界線を設けることに意味はありません。両方とも、まぎれもなくあなたが生きている人生の一部なのです。

そもそも、仕事が楽しければ、境界線を作る必要はありません。

イチロー選手が、「今日は休みだから」と野球のことを忘れ、トレーニングや節制を止めるでしょうか。一流のスポーツ選手やアーティスト、起業家は、それこそ寝ても覚めても仕事のことを考えています。仕事が楽しくて、面白くて仕方がないからです。

そして、このように成功している人々にとって、仕事は生活の手段ではなく、仕事そのものが生きがいになっています。そのため、仕事上の悩みはあるかもしれませんが、仕事が嫌でノイローゼになるようなことはありません。

個人的なことをいえば、私自身はまだ一流経営者とは程遠い位置にいますが、毎日仕事を楽しめています。休みの日は逆に仕事をしていないことで不安になり、そわそわしてしまうほどです。誤解を恐れずに言うと、私にとって仕事も遊びも自分をワクワクさせるものであり、趣味になっています。

誰であっても、自分の使命を自覚し、好きなことや得意なことを活かして仕事をしているなら、「ワークライフバランス」などという発想で仕事を人生から切り分ける必要はないはずです。

ワークの充実が、そのままライフの充実につながることを忘れず、楽しみながら働いてほしいと思います。

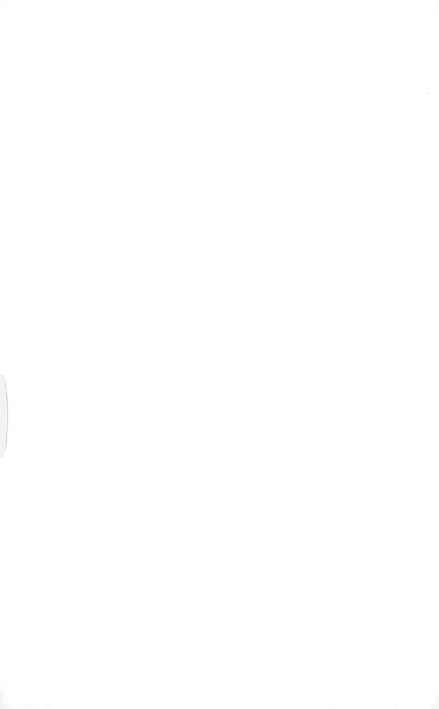

第4章

社会に必要とされる
これからの「日本的経営」とは

理念を共有し一つの方向を向くのが組織

そもそも「会社」とは一体なんなのか、考えたことはあるでしょうか。

言うまでもなく、会社は一つの組織です。

では、組織とはなんでしょう。なぜ人が集まらねばならないのでしょうか。それは、一人では達成できない目的を達成するためです。政治の世界では、「綱領」という目的（理念）を実現するために人が集まり、政党という組織になります。宗教では、「教理」という理念を実践するために信者が集って宗教団体という組織ができます。そして会社では、企業理念が目的にあたります。


会社は企業理念を実現するために作られた「公のための組織」であり、その理念に

共感する人間が集まっているはずです。ですから企業理念は、社員たちが同じ方向を向いて進むための道しるべとなる存在です。

こうした理念がなく、お金を稼ぐことだけが目的で人を集めたような会社は、組織としてもろくなります。金の切れ目が縁の切れ目となり、逆境に陥れば多くの社員が離れていくでしょうし、力を合わせる意識が薄いので団結も望めません。強大な力を誇ったローマ帝国も、お金を目的に戦う傭兵を雇い過ぎたために、戦争における組織力が低下して滅んでいったといわれています。

社員が企業理念をしっかり共有しているほど、会社は強みを発揮できます。理念の共有は社員の団結につながり、壁を乗り越えるための原動力となるのです。しかし、大きな企業ほど理念が浸透しにくいという実情があります。社長も創業者ではなく、組織全体がサラリーマン化していることが多いからです。一方、創業社長が率いるベンチャー企業などは、社員も理念を共有しやすいメリットがあります。結果としてやりがいも大きくなり、社員一人ひとりが懸命に働けるので能力も高まります。

会社という組織において最も大切なものは、企業理念（企業の使命）なのです。

大義に基づく理念が組織の力になる

企業理念についてもう少し掘り下げて説明するため、実例として私の会社の理念を紹介します。

「私たちは資産運用のお手伝いにより、お客様およびそのご家族の将来にわたる経済的安心、心の安心、ひいては人生における安心を提供します。そのために、良質な賃貸物件を創造・供給し、入居者様の住環境の質の向上を実現し、快適な暮らしを提供します。三方よしの経営を体現し、これらを通じて、日本全体の社会の活性化に寄与することを私たちの社会的使命とします」

社員たちは、この企業理念を目的として達成するために集まってくれていることになります。

では、こうした企業理念は、どのような観点から定められるべきでしょう。

個人的には、企業理念は「大義（正しいこと）」に基づいて設計されたものであらねばならないと考えています。

大義は、人を動かす動機となり、人が力を発揮するための支えとなります。

歴史を振り返れば、大義がいかに重要なものであるかがわかります。

昭和16年に勃発した大東亜戦争は、日本国が「アジアを欧米諸国から解放する」という大義に基づいて開戦したものです。この戦争の是非にはさまざまな意見がありますが、大義があったことは紛れもない事実です。

その大義は、大東亜戦争終了後に花開きました。インドネシアで独立の機運が高まり、統治国であったオランダとの間で戦争が始まったのですが、インドネシア軍とともに戦った日本人が2000人もいたのです。すでに日本の戦争は終わっていましたから、誰もが祖国に帰ることもできました。しかし彼らはそれをせず、「アジアを欧米諸国から解放する」という大義に従って、命を懸けて戦ったのでした。結果的にインドネシアは、長年のオランダの植民地支配から解放され、独立を果たしました。今でもインドネシアの人々はそれを忘れず、日本に感謝しているといいます。

逆に、大義のない戦争には敗北がつきものです。

日本で明治の初頭に起きた、西南戦争。その主導者は、当時最も影響力が大きく立派な人物である、西郷隆盛でした。「西郷が挙兵すれば、国を二分する激しい戦いになる」といわれていたにもかかわらず、西郷軍はあっけなく負けてしまいました。

西郷軍が挙兵理由（大義）として掲げていたのは「政府に尋問の筋これあり（政府に問いただしたいことがある）」という、漠然としたものでした。戦争の直前には政府による西郷暗殺未遂事件があったため、「西郷は私憤を晴らすためだけに挙兵したのではないか」とさえいわれています。

政府に不満を持っている士族たちは全国にいたのですが、西郷の「私闘」に付き合おうというものは当然、多くありませんでした。集まった兵士たちの士気も低く、脱走兵が後を絶ちませんでした。

結局、鹿児島で挙兵した西郷は、熊本城さえも落とすことができずに鎮圧されてしまいました。

西郷は当時の英雄であり、反政府の象徴的な存在であったのですが、大義を掲げることができなかったために完敗してしまったのです。

資本主義下における企業の経済活動というのは、一面的に見ればお金を獲得するための経済的戦争であるといえます。その定義において、会社は軍隊、社員は兵士にあたります。

社員たちが迷わずに仕事をし、力を発揮するために欠かせないのが、大義に基づいた企業理念なのです。

大義ある経営が長期的な利につながる

私は、経営者として毎日さまざまなことを判断しており、そのすべてを、企業理念と照らし合わせて行っています。それはすなわち、「お客様のためになるか」という大義に基づいて判断しているということです。

一つ事例を挙げましょう。

平成20年の「リーマン・ショック」の前は、当時、私の会社があった大宮周辺でも土地の値段が急騰していました。周りの不動産会社は、チャンスとばかりに土地を買い始め、私にも「今買っておけば間違いなく儲かる」という話がたくさん来ました。

しかし、土地を買って転売して利益を上げるという行為は、会社の企業理念とは相いれません。私には、それを行うだけの大義がないのです。だから「お客様が介在しないような転売目的のビジネスはしない」と迷いなく決断できました。

その後、リーマン・ショックにより土地の値段がどうなったかは、想像に難くないはずです。

このように、**大義に基づいた企業理念というのは、向かうべき方向を示してくれると同時に、「やらないこと」もまた明確にしてくれる**のです。

企業理念に基づく判断は、経営者のみならず社員にも徹底させる必要があります。私の会社では、「お客様のためになるか」という基準が常に意識されており、結果的に社員たちは「人の役に立つために仕事をしている」という実感を得て、モチベーション高く働くことができています。

逆に、自らよって立つ大義を見失った状態だと、社員は「社長の金儲けに付き合わされているだけではないか」と考えかねません。指示を出してもどこかで反発を感じ、モチベーションは上がらないでしょう。

また、大義ある経営を続けていると、お客様に喜んでいただける機会も増えていきます。

先ほどの土地売買のように、目先の利益だけを見れば大義を捨ててビジネスをしたほうがいい場合もあるでしょう。しかし長期的に見るなら、そうした大義のない行動を繰り返しているとお客様からの信頼は失われていき、売り上げを落とすことになります。

やや遠回りになることもあるかもしれませんが、**大義に基づいた経営こそが企業を末永く繁栄させるために最も大切**であると私は考えています。

三方よしの経営

欧米的な合理主義のもとでは、利益を最大化することこそが正義です。

その発想だと、ビジネス上のやり取りは、互いに利益を取り合う「ゼロサムゲーム」になります。例えば取引先に仕事を依頼する際も、いくつかの企業を秤にかけ、相見積もりを取って、さらにそこから交渉して値段を叩いて、発注先を決めます。相手の利益は減り、こちらのコストが浮く。資本主義においては、極めて合理的で正しい行為です。

こうした利益のゼロサムゲームにおいては、自社が利益を上げるほど他社が泣きを見ることになります。

もちろん経営者は、利益にはこだわらなければなりません。しかし「とにかく絞れるだけ絞り、限界まで安く叩く」やり方を続けていると、必ず誰かが不幸になり、恨みを買うことにもなりかねません。

そうして恨みつらみが積み重なるほど、企業のイメージは損なわれ、ファンも離れていきます。５年、10年なら勢いにまかせて成長できるかもしれませんが、50年、１００年とは長続きしないと思うのです。

私が常に意識しているのは、関わる人すべてが幸せになるようなビジネスをしていきたいということです。お客様はもちろん、社員も、取引先も、地域社会も、相互に利益が得られるというのが、理想的なあり方です。

このように述べると、「きれいごとを言っている」と感じる人もいるかもしれません。

しかし実は、この発想はもともと日本企業が大切にしていたものなのです。

江戸時代、近江商人は日本中を飛び回って活躍し、日本三大商人に数えられました。その近江商人の有名な商売の心得に、「三方よし」があります。

三方とは「売り手」「買い手」「世間」を指し、それらすべてが「よし」となる商いをすることが大切であるという意味です。

彼らは「三方よし」の経営を実践し、大きな成功をおさめました。

「三方よし」が優れているのは、ゼロサムゲームではない点です。自社が売り手であろうが買い手となろうが、相手のことを慮るとともに、世間に道徳を示すような商売ができれば、その会社は間違いなく長く続いていくでしょう。序章でも当社の理念について触れましたが、私はそれを目指しています。

ですから、私はビジネスにおいて、一部の例外を除いて相見積もりを取りません。取引先もまたともに成長していく仲間であり、目先の合理的利益よりも、これまでの絆やつながりを重視しているからです。

会社は社員のためにある

企業は理念を追求することによって使命を果たします。そのために最も大きな力になるのは、間違いなく社員です。当たり前ですが、あらゆる企業活動は人がいなければ成り立ちません。そうであるなら、理念追求の原動力である社員の幸せを叶えることは、企業にとって当然あるべき「大義」ではないでしょうか。

会社とは本来、まずは社員のためにあるべきだと私は常々考えています。

株式会社では、「会社は株主のものである」といわれます。そして企業活動の目的は株主の利益の追求です。利益が最も尊いわけですから、社員は二の次です。むしろ社員の給料が少なければ少ないほど利益が増えるという関係になります。こうした観点からすると、社員の給料や福利厚生はすべて「コスト」であり、社員の扱いは機械や消耗品と何ら変わりません。

しかし、会社は社員のためのものと考えると、見方が１８０度変わります。社員を幸せにすることが企業の目的ですから、給料はできる限り多く払い、福利厚生も充実させようとします。もちろん、会社が存続しなければ社員を雇うことはできませんから、それだけの利益は確保せねばなりませんが、それ以上のお金は社員に分配されることになるのです。

よく「お客様は神様」として顧客第一主義を掲げる会社がありますが、そもそも社員自身が幸せでなければ、お客様に笑顔で接することすら難しいでしょう。社員が嫌々働いている状況で、果たしてお客様に幸せを届けられるのか、疑問です。まずは社員を大切にして、それがお客様を大切にすることにつながっていく、というのが正しいあり方ではないでしょうか。

徳が利益を生み、利益が社員を守る

会社が社員のために存在するならば、会社が得た利益はすべて社員に還元するべきなのか。その問いに関しては、答えはノーです。

もしも「利益はすべて社員の給料として分配している」という企業があれば、なんとなく「とても社員想いのいい会社だ」と思うかもしれません。しかし、私はそれが社員のためになるとは考えません。会社にとって利益は、いざというときの「備蓄米」の意味があります。米が獲れるたびに全部家族に食べさせてしまったら、万が一不作の年があったときに、食べるものがなくなってしまいます。同じように、会社も利益をある程度は確保しておかないと、いざというときに社員を守れないのです。実際に私の会社では、2年分の活動資金を、利益として蓄えています。

企業と利益のあり方に関しては、日本における資本主義の父ともいえる渋沢栄一の考え方が、最も納得できるものであると思います。

渋沢が言ったのは「会社ごとに、さまざまな事業上の目標があるだろうが、そろばんをはじいて利益を追求していくだけではなく、論語（道徳）の思想で会社のあり方を追い求めることもまた大切である」ということです。また、「論語（道徳）とそろばん（ビジネス）は両立できる」とも述べています。

大義を掲げ、企業理念を追求し、社会から「立派である」と認められる会社であること。そしてその活動の結果として顧客満足があり、初めて利益が上がる。さらにその利益を、社員の幸せのために使い、あるいは備蓄する。これが理想的な会社と利益のあり方ではないでしょうか。

社員とその家族は「第二の家族」

これからの日本は労働人口が減少し、人材も取り合いになります。これまでのように、就職試験や面接で会社が社員を選ぶだけではなく、社員のほうもまた会社を選ぶことが、今よりも自由にできるようになっていくでしょう。

そうなると、会社として生き残っていくためには、社員に選ばれる会社でなければなりません。

終身雇用制度が崩壊した現代において、会社にとって社員とはどのような存在なのか……。私はずっと悩んできました。

自分自身が「会社が合わずに辞めた社員」であったからこそ、自らが経営者となって社員をどんどん雇用していることに、どこかで矛盾を感じていました。

結局は、自分が儲けるためだけに会社を大きくしているだけではないかと、後ろめたさも感じていました。

しかし数年前、ふと思い当たったのが、「会社は社員とその家族の幸せのためにある」ということでした。

そう考えると経営者がすべきことは、社員により良い環境を提供し、社員を守り、成長を後押しし、「選ばれる会社」であり続けるための努力です。

そしてこの発想を突き詰めていったところ、結局は社員とその家族を会社にとっての「第二の家族」だと思って接するべきである、という結論に至りました。

新入社員は、会社にとっての「子ども」です。

礼儀礼節を教え、守り、その成長を喜びます。そして、子どもがいつか親から自立するように、社員もまたある時期に「自分で稼ぐ能力」が身につき、外でも立派にやっていける力がつくでしょう。

視点を逆にすれば、その力をつけてあげることこそ、会社の役目だと思うのです。

そのときに、「他の会社でやってみたい」と思えば、遠慮なく家を飛び出せばいい（私もそうでした）し、「うちの会社で全力を尽くしたい」と再び選んでもらえるなら、経営者としてそれ以上の喜びはありません。

本書の前半の内容に照らし合わせていえば、第二の家族である社員たちには、幸せになってほしいという前提があります。

そのためには、「やりがい」と「収入」を最大化しなければなりません。そして何よりも、社員一人ひとりが自立できる力を養うこと。それができてこそ、社員に選ばれる会社になり、生き残っていけるのです。

社員の一生を守る新時代の日本的経営

旧来の終身雇用制度は崩壊したと、冒頭から述べてきました。学生はその前提で会社を選ぶべきです。しかしそれは、会社が社員をいつリストラしても仕方がないと認めることとは違います。また、転職前提で会社を選ぶこととも違います。

会社にとって社員が第二の家族であるなら、どんなに厳しい時代になっても、経営者は一生守る覚悟で社員を雇わねばなりません。

今の日本では、業績が悪くなれば、問答無用でリストラをするか、給料を下げる会社がたくさんあります。しかし「大義」からいえば、会社は社員を守るというのが、あるべき姿ではないでしょうか。

一方で、労働市場は多様化し、欧米的な合理主義も根付きつつある結果、転職に対する敷居は低くなっています。そうした社会で、「うちの会社に一生勤めてほしい」と言っても、なかなか難しいものがあります。

このような時代にあって、日本の企業はどうあるべきなのでしょうか。

私は、会社は常に終身雇用の覚悟で社員を守る、そして万が一に備えて社員に自立する力をつける、という考え方が理想だと考えています。かつては「定年まで同じ会社に勤めることだけを前提にした終身雇用」でしたが、**「終身雇用を追求しながら、同時に社員が一人で生きていける力も育む」のが、新時代の日本的経営**だと思うのです。

激しい変化にさらされる現代の経営環境に鑑みれば、自社以外でも力を発揮できる人材を育てることが、真の意味で社員の一生を守ることにつながります。そして自立した社員がより多く育つことは、自社の強みに他なりません。

「自分で稼ぐ力」がついた時点で、社員は会社を選び直すこともできます。しかし、そのうえで「自分は他の会社でも働けるけれど、この会社が好きだから、ここにいよう」と思ってもらえることが経営者としての理想です。もちろん会社としても「他に人材はいるかもしれないが、ぜひあなたに働いてほしい」と考えます。こうして、**会社と社員が互いに選び、選ばれる関係となるのが、現代日本における理想的な会社経営のあり方**ではないでしょうか。

会社と社員がそうした関係性を築いていくと、社内における評価の軸もまた、少し変わってくることになります。

欧米的発想では、キャリアや役職にかかわらず成果を上げた人だけが評価されるのが当たり前です。社員も、成果に対しどれだけ報酬を払ってくれるかに重きを置き、より高い報酬を求めて転職を繰り返します。

しかし私が改めて提案している家族的経営においては、長く勤めている社員は実力もついており、他社へ移るという選択肢もありながら、それでも自社を選んでくれているはずです。そのため目に見える成果だけでなく、長く会社を支え続けている事実を、きちんと評価しなければなりません。

私の会社はまだ設立して12～13年ですが、勤続3年から、金一封と休みを支給しています。今後は、勤続年数に合わせた表彰制度なども取り入れていくつもりです。最終的には、かつての出光興産のように定年を廃止し、本人が希望する限り働き続けられる環境を提供することが目標です。平成30年現在、私の会社で最も高齢な社員は72歳の男性ですが、彼の奥さんからは「80歳までお願いします」と言われています。もちろん私としても、本人が納得できるまで会社にいてもらうつもりです。

これも社員を守ることにつながっています。定年を迎えて日々に張り合いがなくなり、認知症になってしまったりする人が多いことを考えれば、できるだけ会社で生き生きと働いてもらったほうが、会社も奥さんも本人も助かるという「三方よし」になるでしょう。

さらにいえば、こうして高齢になっても働ける環境を整える会社が増えれば、人口減少の穴埋めもでき、日本社会全体がより元気になるのではないでしょうか。

性善説に立った経営をする

日本人は元来、〝性善説〟に立って文化を築いてきました。私の田舎では昔、家に鍵をかけていませんでした。「人は基本的に善である」という性善説からくるおおらかさだと思います。この日本人らしい文化を体現しているのが、実は天皇です。天皇がお住まいになっていた京都御所に、行ったことがあるでしょうか。京都御所は広く一般開放され、誰でも入れるようになっています。日本の象徴（元首）とされる方の住まいがこんなにも開かれているのは、日本ならではの特徴でしょう。

反対に西洋世界においては「人は基本的に悪である」ことを前提としています。その地を統治するキングは必ず城壁を築き、守りも堅固です。武力で土地を治めるというのは、発想としては「力で抑え込まねば、いつ領地が奪われるかわからず、周囲が信用できない」という〝性悪説〟に当たります。

一方で、天皇のあり方というのは、「徳の力」で国をまとめるというものであり、天皇の国民に対する信頼と、国民の天皇に対する敬意とで成り立っています。

第二次世界大戦に敗戦した後、昭和天皇は、沖縄を除いた全国を7年かけて回り、国民と直に接しました。そのときの昭和天皇は、着の身着のままで過ごし、中学校の教室で寝てしまったりしたこともありました。一般的に、敗北した国のキングは、たいがい国民に憎まれ、殺されます。リビアの独裁者カダフィ大佐も、イラクのサダム・フセイン大統領も、最後は国民に殺されました。しかし天皇は、そうはなりませんでした。日本の〝性善説〟に基づいた文化と、二千年以上にわたって培われてきた国民との信頼関係があったからです。

こうした極めて平和的な文化は、世界に誇るべき美徳だと私は考えています。

そして価値観が多様化する現代だからこそ、経営者はこの〝性善説〟に回顧し、経営に取り入れていくべきだと思います。

欧米の経営スタイルでは、やはり〝性悪説〟の発想が目立ちます。キリスト世界においては、アダムとイブが禁断の実を食べたことから始まった「原罪」という思想が根付いていますが、そうした背景からも〝性悪説〟が一般的になっているのでしょう。

海外企業のエピソードで私が驚いたのは、解雇通告した社員を、席には戻さずにそのまま帰すというものです。ある日、上司から「貴重品だけ持って部屋に来てくれ」と言われた社員は、その場で解雇を言い渡されて書類にサインをさせられてから、席に戻ることは許されずに会社を出たそうです。これは、解雇されて恨みを持っているであろう社員が、顧客情報を持ち出したり、パソコンにウィルスを感染させたりしないように、という処置でしょう。つまり人間は悪であるという前提に立っての予防法であるといえます。

元来〝性善説〟で歩んできた日本人に、こうした考え方がうまくなじむかといえば、私はそうは思いません。限りなくリスクを排除する意味では間違いではないと思う一方で、人間らしい心を無視しているとも感じるのです。

社員も取引先も信用するのが、日本流のはずです。現代の事情からいっても、社員の個性も、取引先の種類もどんどん多様化していっているなかで、いちいちすべてを疑ってかかっては経営判断も遅くなります。それはスピードが求められているビジネス環境において、大きな足かせとなります。

「三方よし」の精神で企業活動を行い、周囲との信頼関係が築けていれば、こうした「疑い」にかかる労力はばっさりと切って捨てることができます。

仕事は人間と人間のやり取りであり、心をないがしろにして成果を上げることはできないというのが私の考えです。自分ではなく相手のために働くほうが力を発揮できると前述しましたが、信頼はまさにその懸け橋となるものではないでしょうか。

出光佐三氏の経営理念が息づいていた出光興産では、上場するまで「大家族主義」を掲げ続け、タイムカードや定年退職など、社員に対する就業規則やルールがほぼありませんでした。また、大企業には「部長なら○○億円、課長なら○億円まで」というように決済できる金額に制限があるものですが、それもありませんでした。なぜかといえば、家族である社員たちを深く信用しているからに他なりません。

社員の方向性を一致させる

企業は組織であり、組織とは個人では達成できない目的や目標を達成するための集団です。すなわち、同じ目的に向かって全員で進むことで、企業は初めて組織として機能します。逆に、方向性が一致していない人が一人でも入ってしまうと、組織の機能が著しく低下するリスクが発生します。

例えばオーケストラは、音楽をより美しく表現する目的の集団です。指揮者が全員の方向を揃えようとするわけですが、一人でも音程やリズムがずれてしまうと、残りの人の調和のとれた演奏がすべて台無しになってしまいます。

企業でも、まったく同じことが起こります。例えば一人の社員が社外でお客様をだますような真似をしてしまったら、会社全体の信用が損なわれます。小さな企業であれば、会社存続の危機に陥ることすらあるでしょう。そう考えると、方向性の合わない人材を入社させてしまうことが、経営にとっての大きな潜在リスクになるといえます。

個人的には、みんなが同じ方向に向かう努力をしているなかで、愚痴を言ったり、不義理を働いたりしつづける社員は、他の社員を守るためには、排除せざるを得ない場合もあると思っています。

このように、**社員の方向性が一致していることが、企業が正常に機能し、発展していくための条件**となります。

方向性を揃えるというのは、ある意味で前提とすべきことです。自社ＰＲや採用などあらゆる段階において、自社の社風や価値観を打ち出し、浸透を図っていく努力をしなければいけません。

孫子も重視した組織の〝勢い〟

もう一つ、会社が発展していくために大切なのは〝勢い〟です。

中国の古典『孫子の兵法』は、現代のビジネスにも通じる部分が多く、トップリーダーたちがその発想を取り入れていることで知られています。同書のなかに、「故に善く戦う者は、之を勢いに求めて之を人に責めず」という一説があります。

現代に即して訳すと「戦の上手なリーダーは、勝つために組織全体が勢いに乗ることを重視し、個人の努力だけに頼ろうとしない」というような意味となります。「勢い」の大切さを説く項目は他にも多数あり、孫氏が戦においていかに勢いを重視していたかがわかります。

戦を経営に置き換えるなら、経営者は組織に勢いを作り出すことで戦いに勝ち、成長していけるということであり、それは正しいと私は考えています。

銀行の支店長は、会社を訪れたときに勢いを感じるかどうかを判断材料の一つにしていて、社員があいさつもせずにどんよりしている会社は警戒するといいます。それは、数多くの企業を見てきた経験から、勢いの有無が経営にどれだけ影響を及ぼすかを痛感しているからです。

勢いのあるところには、自然と人が集まってきます。逆に、よどんだ空気からは、誰もが逃れようとするものです。また、勝負ごとにおいて実力が拮抗している場合、最後には勢いに勝るほうが勝ちます。成長を続ける組織には、必ず勢いが備わっているといってもいいでしょう。

組織に勢いをつけるためには、社員旅行や運動会、周年記念パーティーなど、社員が一体となって元気になれるイベントを積極的に開催し、意図的に場を設けていくことが大切です。

会社は人がすべて

経営に必要なリソースは、「人、物、金」であるとよくいわれます。しかし私は、結局会社というのは「人」がすべてなのではないかと考えています。

戦国時代の名将、武田信玄がこんな言葉を残しています。

人は城、人は石垣、人は堀、情けは味方、仇は敵なり

信頼できる人の集まりは、強固な城に匹敵すると信玄は考えていました。そして、人に情をかければ味方になる一方、力で押さえつければ敵となると真理を説きました。

経営においても、いかに立派なビジネスモデルを作っても、最先端の技術を活用できても、結局はそれを使って働いてくれる社員がいなければ、何の役にも立ちません。

そもそもビジネスモデルを作るのも人です。そう考えれば、会社とは人によって発展し、また人によって滅ぶものなのでしょう。

現代では、さまざまな分野で機械化、ＩｏＴ化が進み、「今ある仕事が数年後には機械にとって代わられてしまうのではないか」といった議論も頻繁に聞かれるようになりました。

実際にそうした懸念は現実になりつつあります。アマゾンが立ち上げたコンビニエンスストア事業である「Amazon Go」は、あらかじめスマートフォンに専用アプリをダウンロードしておくと店内で手に取った商品が自動的にアプリ内の買い物カゴに入り、そのまま店を出れば、アマゾンのアカウントで課金される仕組みになっています。これは、店内に設置した無数のカメラ映像とセンサーのデータを人工知能で解析し、実現しているそうです。一度商品を手に取っても、商品を元の棚に戻せば買い物カゴからも削除されるなど、その性能には驚くばかりです。

「Amazon Go」にレジはいらず、レジ打ちをする人員も必要ありません。このように、時間労働的な単純作業は、どんどん機械にとって代わられていくでしょう。

しかしその一方で、やはり人間にしかできない仕事はあります。例えば私の会社の業務でいえば、一人ひとり違った資産背景、家族構成を持っているお客様に、その心情まで考慮して最適な提案をすることは、やはり機械ではできません。

組織としては、機械にはできないような付加価値のある仕事を行う集団でなければ、成長を続けるのは難しくなるでしょう。やはり最終的には、「人」なのです。

個人としても、これからは、「どの会社に入ったか」というブランドよりも「どんなことができるか」をダイレクトに問われる時代になっていきます。だからこそ若いうちから、「自分だからこそできる」というような付加価値を得ようとする意識を持つことが大切です。

第5章

幸せなビジネスマンであるために、他者を幸せにする人になる

日本は本当に素晴らしい国である

本書では、たびたび日本古来の価値観や文化に触れてきました。

私は祖国日本という国が大好きで、日本人として生を受けたことに心から感謝し、日本人であることに誇りを持っています。

鮮やかな四季と、折々の美しい風景。

山から生まれるきれいな水に、海がもたらす海産物の恵み。

そんな豊かな環境から培われてきた、わびさびを解する心と、和食文化。

世界を見渡しても、日本ほど恵まれた国はないと思っています。

日本の素晴らしさは、こうした環境だけではありません。

伝統に裏打ちされた、日本人特有の道徳心と規律意識の高さもまた、世界に誇るべきものです。

日本が実は世界で最も長い歴史を持つ国であるということは、あまり知られていません。その歴史は、およそ２７００年。

２番目に古いデンマークで１０００年強ですから、図抜けて古い国であることがわかります。

それゆえに、日本人の精神性は他国に類を見ないものとなっています。

その道徳心と規律意識の高さを示す事例は枚挙にいとまがなく、危機に際してより強く発揮されます。

平成23年、東日本大震災という未曽有の災害下にあって、被災者の方々が見せた道徳心の高さは、世界から称賛されました。あのような極限状態でも暴動が起こらず、規律が守られるのはおそらく日本だけでしょう。

また、自らの命を省みずに、最後まで避難勧告の放送を続け、津波に流されてしまった若い女性がいらっしゃいました。

そうした気高い自己犠牲の精神と責任感は一朝一夕で身につくものではなく、日本人が長年にわたり脈々と培ってきた素晴らしいＤＮＡがあってこそです。

このような素晴らしい国に生まれた私たちには、日本を護り、末永く繁栄させていく使命があります。

そのためには、次世代を担う若者が、日本の魅力を再認識するとともに、日本人のアイデンティティをしっかりと掲げて、社会に貢献しようという思いを持たなければなりません。

ビジネスマンである前に日本人として

私は社員に対し、立派な日本人になって活躍してほしいと願っています。立派な日本人とは、自らのアイデンティティを持ち、礼儀、礼節をわきまえた人のことです。そうした人材が、日本社会を発展させていくと私は信じています。

立派な日本人の精神性をよく表しているものが、「教育勅語」です。教育勅語は、明治23年に、明治天皇によって発布されました。短文のなかに日本人として大切にすべきことが凝縮されているので、ここで紹介します。

【教育勅語の十二の徳目】

孝行　親に孝養をつくしましょう

友愛　兄弟・姉妹は仲良くしましょう

夫婦ノ和　夫婦はいつも仲むつまじくしましょう

朋友ノ信　友だちはお互いに信じあって付き合いましょう

謙遜　自分の言動をつつしみましょう

博愛　広く全ての人に愛の手をさしのべましょう

修学習業　勉学に励み職業を身につけましょう

智能啓発　知識を養い才能を伸ばしましょう

徳器成就　人格の向上につとめましょう

公益世務　広く世の人々や社会のためになる仕事に励みましょう

遵法　法律や規則を守り社会の秩序に従いましょう

義勇　正しい勇気をもって国のため真心を尽くしましょう

これらを意識して日々を過ごすことで、「立派な日本人」になれるとともに、人間的な魅力にも溢れた人になるでしょう。

「他人様」に感謝し、常に謙虚でいる

日本人の最大の美徳の一つは、謙虚で常に周囲の人に対して気配りができるところでしょう。「おもてなし」の精神は世界から称賛されていますが、その背景としてあるのが、〝性善説〟を基盤とした他人に対する感謝の心です。

感謝について考えるとき私がいつも思い浮かべるのが、小野田寛郎さんのお話です。

小野田さんは、大東亜戦争の際に陸軍少尉としてフィリピンに渡り、諜報活動に当たっていました。そして、終戦を知らされなかったことから約30年間もフィリピンのルバング島で戦いを続けてこられました。

文明の恩恵から程遠く、死と隣り合わせのジャングルで、30年間の長きにわたって戦い続けたその精神力は、ただただ尊敬するしかありません。

小野田さんをはじめ、特攻隊や沖縄で命を懸けて戦った人々……こうした方々のおかげで今の日本があるのだと、私は深い感謝の念を抱いています。

小野田さんは二人の部下とジャングルに入りましたが、後に部下が斃れ、最後の2年間はたった一人でジャングルで過ごされました。

そんな強靭な肉体と精神力をお持ちだった小野田さんが、生前に常々口にしていたのが「人は一人では生きていられない」「他人様に感謝しなければいけない」ということでした。ジャングルで一人生きるためには、ほつれた服を直すにも針から作らなければならない。日常で何気なく使っているものも、すべては他人様が作ってくれたからこそあるもの。それを考えれば、いかに他人様のおかげで生活することができているか、それがどんなにありがたいことであるかがわかる。そんなふうに小野田さんは話していました。

現代の日本は豊かで、お金さえあればいつでも食べ物が買え、たいていのものがさほど苦労せず手に入れられます。しかしそれは、「他人様」がいてこそであり、感謝の気持ち続けて日々を過ごさねばなりません。この本質を忘れれば、日本人としての美徳の一つが失われてしまいます。

仕事もまったく同じです。

営業部が花形部署であり、売り上げを多く作った社員にスポットライトが当たるような会社であっても、事務や経理、その他大勢の社員たちが、舞台裏でその社員の活躍を支えています。自分一人の力で何でもできているというのは、大きな間違いです。

私自身も、起業は一人でしましたが、妻の支えがあり、協力してくれた方々がいたからこそ、今があります。そして現在でも、社員たち、お客様、取引先の方々のおかげで、会社が成り立っています。

常に周りの人に対する感謝を忘れず、謙虚であり続けること。これこそが、日本人としての美しい生き方だと思います。

他人の幸せが人生の成功

最後に、人生の「究極の成功」について伝えておきたいと思います。

「生者必滅」のことわり通り、人生にはいつか終わりがきます。人生においてどんなにお金を稼いでいても、どれほど権力を持っていても、死は平等に訪れます。その瞬間には、お金も権力も、まったく無意味です。

では、人生とはなんのためにあるのか。安易にその答えを出すことは叶いませんが、確実に一つ、いえることがあります。

それは、**どれだけ他人の幸せに貢献できたかで、その人が生きた価値が決まる**ということです。その人の人生に対する評価は、残された人々によってなされるわけですから、これはある意味当然の話です。

いくら自分が幸せになっても、周囲を不幸にしては意味がありません。自分と関わった人を不幸にしてしまうのは、つらいことです。

周囲を幸せにして初めて、自分の人生に意味が生まれます。自分と関わって幸せになった人が多ければ多いほど、人生は成功といえます。

そして、死の間際に回顧した際、人生を通じて精一杯、他人の幸せに貢献したと思えるなら、きっと自我に執着せず、後悔も迷いもなくあの世に旅立てる悟りの境地に至ることができるはずです。これこそが、究極の成功ではないでしょうか。

私も日々、自分と関わった人たちを幸せにしたいと願いながら仕事をしています。社員、お客様、取引先の方々……。どれだけみんなを幸せにできるか、チャレンジし続けています。「私と関わってよかったな」と思ってもらえるのが、一番の喜びです。

皆さんも社会人になったら、ぜひ「他人を幸せにする」ことを目標に、働いてみてください。そうすれば必ず、あなたの人生は充実したものになります。

おわりに

私自身の過去を振り返ってみれば、大学生のころは、人生で成すべき使命や目標、社会に出て幸せに働き続けていくことなど、本書で取り上げたようなことはしっかり考えていませんでした。

本格的にそれらについて考えるようになったのは、社会人になって、大企業勤めに適性がないことに気づいた後からです。そして「就職する前に、一度きちんと考えておけばよかった」という後悔が、本書を記した動機の一つとなっています。

自分の人生の使命は何か。何のために生きるのか。

その問いに答えが出たのは、26歳のころでした。

「私は、日本のために生きよう」

そう結論が出たことで、人生が大きく動き始めた感覚がありました。

人間には、自分以外の人の役に立ちたい、という本能があると私は考えています。

まずは家族など身近な人のために生き、それができたら今度は会社の仲間のため、次は地域社会のため、と視野を広げていけば、最後は自分の祖国のため、というところまで行き着くはずです。そして、大企業にいるより直接的にかつ自分の力で日本のために役立ちたいと考えたことが、会社を辞めるきっかけとなりました。

私が、会社経営を通じて自らの使命として考えているのが、事業上の理念を実現することに加え、本書でもご紹介した三方よしの日本的経営（家族的経営）を広めていくこと、そして立派な日本人を輩出することです。

なぜそうした考えに至ったのかといえば、祖父の影響が大きいかもしれません。小さなころから両親が忙しく、祖父に育てられた「おじいちゃん子」であり、祖父から日本という国の素晴らしさを教わってきたのが今の自分の血肉となっています。

しかし、昨今のニュースを見ていると、親が子どもを虐待したり、わが子に売春をさせたり、お年寄りを詐欺の対象にしたりと、以前の日本の道徳観では考えられないようなことが横行しています。

その原因を考えていった結果、たどり着いた問題の「根」が教育です。きちんとした歴史教育や道徳教育が行われないから、先人に敬意を払わず、人を敬わず、感謝の念を持たない利己的な人間ばかりになってしまったのです。日本のためになるには、この部分を変えるしかない。そのために、日本に貢献できる会社を創ろうと思い立って、30歳のときに武蔵コーポレーションを設立しました。

現在の私は、社員150人という会社を率いる立場となり、充実した毎日を送っています。それというのも、好きなことを仕事にしており、使命感を持って働けているからです。もし、「何のために生きるのか」を考えず、ただ漫然と大企業に勤め続けていたら、今のような充足感は得られず悶々とした毎日を送っていたでしょう。

人生は、有限です。

そして、私たちが精力的に活動できるのは、そのうち30年ほどしかありません。そんな限られた時間のなかで結果を残し、人生を輝かせるためには、一日も早く人生の目標を設定し、それに向かって努力を始めるべきです。

「まだ学生だから」というのは、人生を直視することを恐れるが故の言い訳に過ぎません。例えばゴルフの石川遼選手は、小学生のときから「マスターズで優勝する」という目標を掲げています。

早過ぎることはありません。

この本を閉じた瞬間から、「何のために生きるのか」をしっかりと考えてほしいと思います。そしてもし、自らの使命や人生の目標が定まったなら、それに基づいて就職先を選ぶことができ、結果的に満足のいく会社に入る確率は高まるでしょう。さらに就職後もきっと、目標に向かうやりがいを感じながら、幸せに働くことができるはずです。

本書がわずかでも、あなたの未来に「幸せ」をもたらすことができたなら、著者としてこれ以上の喜びはありません。

大谷義武

おおや・よしたけ

昭和50年、埼玉県熊谷市生まれ。東京大学経済学部卒業後、三井不動産株式会社に入社。同社にて商業施設（ショッピングセンター）の開発・運営業務（用地取得業務、テナントリーシング等）、オフィスビルの開発・運用業務等の不動産業務に携わる。平成17年12月に同社を退社し、さいたま市において有限会社武蔵コーポレーションを設立（その後、株式会社に改組）。オーナー社長をはじめとする富裕層に対して主に収益用不動産（賃貸アパート・マンション）を用いた資産形成のサポート事業を展開。設立以来、1000棟の一棟ものアパート・マンションを販売。また、販売後の賃貸管理にも力を入れ、独自の手法（プロパティマネジメント）により管理戸数１万2000戸、入居率96％以上を維持している。武蔵コーポレーションは平成28年に設立10周年を迎え、社員数150人、売上高90億円を誇る（平成29年８月期）。

絶対に後悔しない
新卒の「会社選び」

2018年3月23日　第1刷発行

著　者　大谷義武

発行人　久保田貴幸

発行元　株式会社 幻冬舎メディアコンサルティング
〒151-0051　東京都渋谷区千駄ヶ谷4-9-7
電話　03-5411-6440（編集）

発売元　株式会社 幻冬舎
〒151-0051　東京都渋谷区千駄ヶ谷4-9-7
電話　03-5411-6222（営業）

印刷・製本　瞬報社写真印刷株式会社

検印廃止

ISBN 978-4-344-91546-6　C0095
幻冬舎メディアコンサルティングHP
http://www.gentosha-mc.com/